Criptomonedas

Cómo Lucrar Del Bitcoin, Ethereum Para
Aprendices

(Cómo Invertir Y Comerciar En Criptomoneda?)

Ione Díaz

Publicado Por Daniel Heath

© **Ione Díaz**

Todos los derechos reservados

Cryptomonedas: Cómo Lucrar Del Bitcoin, Ethereum Para Aprendices (Cómo Invertir Y Comerciar En Criptomoneda?)

ISBN 978-1-7770207-6-7

Este documento está orientado a proporcionar información exacta y confiable con respecto al tema y asunto que trata. La publicación se vende con la idea de que el editor no esté obligado a prestar contabilidad, permitida oficialmente, u otros servicios cualificados. Si se necesita asesoramiento, legal o profesional, debería solicitar a una persona con experiencia en la profesión.

Desde una Declaración de Principios aceptada y aprobada tanto por un comité de la American Bar Association (el Colegio de Abogados de Estados Unidos) como por un comité de editores y asociaciones.

Se establece que la información que contiene este documento es veraz y coherente, ya que cualquier responsabilidad, en términos de falta de atención o de otro tipo, por el uso o abuso de cualquier política, proceso o dirección contenida en este documento será responsabilidad exclusiva y

TABLA DE CONTENIDO

Parte 1

INTRODUCCIÓN

El espacio de las crypto-monedas ha progresado al punto de que ya no es una moda, ya no puede ser suprimido, y ya está listo para expandirse a su uso comercial, aunque aún está en su estadio preliminar donde las oportunidades abundan. 1.000 % de retorno no será algo esporádico, aunque sin embargo las oportunidades fraudulentas abundarán a medida que se incrementen.

Hemos preparado este reporte especial de alto nivel para ofrecer a doctores, empresarios, pequeños comerciantes, inversores, y novatos en crypto-monedas un marco para entender qué es lo que sucede y una guía acerca de cómo colocarse para obtener los máximos beneficios.

La Fundación de Libertad Financiera (Financial Freedom Foundation, F3) es una organización educacional sin fines de lucro que hace inteligencia financiera para la gente. F3 tiene una Asociación de Miembros Privados exclusiva, Grupo F3 de

Mentes Maestras para quienes deseen información más detallada y accionable (http://thefinancialfreedomfoundation.org/).

En este reporte describiremos primero la naturaleza épica del cambio de este sistema monetario. Para esto usaremos algunos términos técnicos que aún no te serán familiares.

Estos términos técnicos son explicados en la segunda parte de este reporte especial. Es importante entender primero el cuadro general, para luego, penetrar los detalles.

En la tercera sección de este reporte especial, después de tratar los términos técnicos de modo que ya puedas entender lo que se dice, entonces explicaremos diferentes maneras de convertir tu nuevo conocimiento de los épicos cambios del sistema monetario en beneficios épicos, usando métodos pasivos de inversión.

En otras palabras, después de leer este reporte especial, usted debería estar en capacidad de ...

1. Entender la jerga técnica usadas en videos y reportes noticiosos acerca del

bitcoin.

2. Impresionar a tus amistades en fiestas y reuniones con tus conocimientos acerca de   este candente tópico.

3. Entender porqué algunos coin serios como Bitcoin y otras monedas virtuales (no   intentos fachos) sean tu elección principal.

Vamos a apuntar que, se está comenzando a referir a las crypto-monedas como "cryptos", así que para el resto de este reporte, también nos referiremos a ellas como cryptos.

I. CAMBIOS ÉPICOS

Porqué interesa esto? Porqué debería de interesarme? Qué diferencia puede hacer esto en mi vida diaria, además de lograr algunas ganancias por especular con el precio del Bitcoin?

A. TENDENCIA HISTÓRICA DEL DINERO

La evolución crypto es una faceta de la gran tendencia de emigrar del sistema monetario centralizado fiat hacia un sistema económico más distribuido.

Desde que el Presidente de los E.U.A. Richatd Nixon estremeció al mundo en 1971, cuando canceló la convertibilidad del Dólar Americano a oro, el sistema monetario mundial se ha estado basando en monedas fiat, que no tienen valor intrínseco y que son emitidas exclusivamente por monopolios de "Bancos Centrales," algunos de propiedad privada.

El dinero es, algo que funciona como

medio de intercambio, es una unidad de valor, sirve como unidad contable, puede ser subdividido, y es justificable. Históricamente, una variedad de cosas han funcionado como dinero, desde caracoles hasta cinturones de cuentas, pasando por bulbos de tulipanes, monedas de oro y plata, recibos sobre el almacenamiento de oro y plata, y, desde algunas de las últimas décadas, instrumentos de débito llamados "Pagarés," que no tienen valor intrínseco, pero son emitidos por gobiernos centrales y bancos privados, como la Reserva Federal en los Estados Unidos de Norte América (USA).

A.1. MONOPOLIO DE CREACIÓN Y DISTRIBUCIÓN DEL DINERO

En siglos recientes, el monopolio de la creación del dinero ha estado reservado para los que están en la cumbre de la pirámide de poder/riqueza. Los intermediarios del poder de la riqueza al comienzo de los 1900s crearon el Banco de la Reserva Federal de USA. Entonces, a través del Acuerdo de Bretton Woods, después de la Segunda Guerra Mundial, ellos ganaron el control del sistema financiero mundial. El Dólar Americano se convirtió en la moneda de reserva mundial, y solo los corredores del poder de la riqueza han tenido el permiso para imprimir o digitalizar ese dinero materialmente; entonces tuvieron el descaro de ofrecer ese dinero al mundo y cobrar intereses sobre el dinero que ellos crearon!

Desde Bretton Woods, el sistema financiero mundial ha funcionado como una herramienta para crear riqueza para aquellos que están en el tope de la pirámide económica. Ellos lo llaman el "efecto goteo" (trickle-down), pero la riqueza nunca gotea hacia abajo muy lejos. Los que están bien conectados, poseedores de riqueza y las mega corporaciones usan pagarés de bajo interés de bancos centrales y bancos privados para adquirir bienes productores de ingresos. Más recientemente, la tendencia también ha incluido a las compañías clasificadas en la relación Fortune 500 en la recompra de sus inventarios y sus acciones negociadas públicamente a una rata acelerada (como una manera de incrementar sus ganancias por participación artificialmente), así como reducir empleados por el uso de pagarés de bajo interés, para invertir en automatización.

Este es el porqué, en los últimos 15 años, los nuevos pagarés han alcanzado sumas trillonarias, el mercado de valores creció, a pesar de la ausencia de crecimiento en las ganancias reales, y del no incremento en el sueldo medio de los trabajadores.

Como Charles Smith estableció con toda claridad en su libro, "Un Mundo Radicalmente Benéfico: Automatización, Tecnología, y Creación de Empleos para Todos" (A Radically Beneficial World: Automation, Technology, and Creating Jobs for All), el sistema en uso de creación y distribución de dinero, ES LA VERDADERA CAUSA de la concentración de riqueza y la destrucción de empleos. Lo que es peor, los que no se han enriquecido les es impuesta una más alta rata de interés, lo que efectivamente transfiere una mayor porción de sus ingresos a los bancos.

En otras palabras, el actual sistema financiero mundial es un sistema designado por los ricos para canalizar el dinero hacia los ricos y extraerlo de los pobres. El único escape posible de este sistema es la concentración de dinero y poder, elevando la desigualdad, como lo ha demostrado la historia.

El sistema fiat actual es, en esencia, un sistema centralizado global que confía en grandes instituciones financieras, que actúan como "confiable tercera parte" para regular la creación y el flujo de dinero (préstamos, procesos de pago y liquidación, centros de cambio para instrumentos financieros). Mientras, aunque existen billetes, la mayor parte del dinero en el sistema es moneda digital creado por computadoras en los bancos..

Sin embargo, el monopolio de crear dinero digital está comenzando a ser cambiado por la tecnología que permite la creación de moneda digital descentralizada/distribuida en la forma de cryptos. El dinero más nunca será creado por los bancos. No tiene que ser ingresado a la existencia y distribuido, a través de los que están en el tope de la pirámide económica. Ahora, puede ser creado digitalmente y distribuido a través de redes descentralizadas y distribuidas. Esto deja ver que, está cambiando el juego.

Aquí hay un gráfico que ilustra la diferencia entre, sistema centralizado, y sistema descentralizado, y distribuido.

Los sistemas distribuidos son más robustos y más igualitarios que los sistemas centralizados porque en una red distribuida, las responsabilidades y recompensas son compartidas más equitativamente, y si algún nodo en el sistema falla, el sistema no falla.

El sistema crypto distribuido está redefiniendo el modo en que creamos el dinero, lo distribuimos, y financiamos los proyectos. Las dos cryptos más importantes, Bitcoin y Ethereum, son nuevas monedas globales que aún no han circulado ampliamente. Los usuarios, que ya se cuentan por millones, están creciendo rápidamente a billones.

Las tecnologías disruptivas pueden crear explosiones que exceden nuestros más salvajes sueños. Los cryptos son únicos en su escala, en su campo de aplicación, y en su velocidad de adopción. La nueva tecnología crypto tiene el potencial para ser aún más disruptiva que el internet, haciéndola una oportunidad única de inversión para una generación. Estos nuevos "activos digitales" no tienen correlación con inversiones tradicionales. Los cryptos son una clase de activo digital completamente nuevo, con retornos superiores. Con la tasa de adopción corriente presente de esta nueva tecnología, no es inusual para algunas de estas cryptos generar retornos de 30% en un solo día.

A.2. CREACIÓN Y DISTRIBUCIÓN DE DINERO DISTRIBUIDO

En la actualidad los bancos tienen un rol limitado en la creación o distribución de este nuevo dinero. Los bancos han estado trabajando para producir sus propias versiones de este tipo de dinero (Ripple, FedCoin, etc.), pero no han conseguido su adopción masiva, porque los que ya están en el espacio de las cryptos están claros de que las nuevas cryptos no necesitan de bancos para supervisar y procesar pagos electrónicos en este nuevo sistema. Es un sistema financiero distribuido máquina a máquina, que aún está en la infancia. Bitcoin fue el primero de varios cryptos que ganó la atención del público general, y ya tiene bancos y gobiernos siendo forzados a adaptarsele, y a los mismos se les dificulta cuando tratan de controlarlo.

La gran diferencia son los incentivos. Los resultados de un sistema están determinados por los incentivos, no por los participantes individuales. Si cambias los participantes en un sistema, no estas cambiando nada, no importa lo altruistas que los nuevos participantes puedan ser. La única consecuencia posible del sistema fiat de control centralizado es la concentración de poder y una mayor desigualdad.

Pero, si cambias las reglas del sistema, entonces si cambias los resultados.

Lo ingenioso tras las cryptos son los incentivos, basados en las teorías del azar. Los diseñadores de las nuevas plataformas crypto cambiaron las reglas del sistema monetario, de allí que cambiaron los incentivos, lo que cambió el comportamiento, lo cual cambió los resultados.

No se requiere de una autoridad de confianza como tercera parte (en su lugar se requiere confianza en redes de código abierto y de códigos de encriptamiento). No se requiere tener un participante central de confianza, ni siquiera se requiere tener confianza en el otro participante en el otro lado de la transacción. Disponer de los mismos fondos en más de una oportunidad y revertir transacciones realizadas es imposible en el sistema distribuido. El origen y el destino de cada transacción está protegido y confirmado por múltiples confirmaciones. De allí que el registro es extremadamente dificultoso o casi imposible de ser manipulado por atacantes. Esta es la razón del porqué las funciones que corrientemente llenan Wall Street y los grandes bancos son algunas de las primeras funciones en ser automatizadas en el nuevo sistema.

El movimiento de Ocupación de Wall Street, que se inició en Septiembre 17, 2011, fue un gesto simbólico. La realidad es que la evolución de la crypto economía es un golpe fatal para Wall Street.

A.3. TRANSFERENCIA ÉPICA DE RIQUEZA DURANTE LA TRANSICIÓN

Las cryptos, que se hacen posible gracias a internet, van a acabar con la industria financiera de la forma en que la conocemos. La industria financiera va a tener una transición hacia contratos inteligentes (smart contracts) y cryptos, de manera que las grandes instituciones financieras no seguirán teniendo los monopolios que poseen actualmente, de forma similar a como la industria de la prensa escrita y la industria de películas se han visto transformadas. Los mineros de las monedas virtuales (poseedores de nodos/servidores en las redes cryptos) son los nuevos banqueros, los que suplen la liquidez. Los que poseen las monedas virtuales y las fichas (tokens) son los poseedores del nuevo sistema monetario. Esto desplaza a la élite de corredores de ultra ricos, y a los bancos privados que los alimentan.

Cualquier persona puede ser un minero. Los mineros no disponen de ningún acuerdo contractual con las redes, y ellos pueden enfocar sus computadoras hacia cualquier red de monedas que deseen. Una transacción solo es considerada válida si posee el consenso de más del 51% de los nodos/mineros. El control sobre el sistema queda en manos de las masas, a pesar de que el control y la ganancia individual todavía están involucradas.

Las redes de monedas virtuales son sistemas financieros propiedad de los usuarios, donde los beneficios se acumulan a favor de los usuarios, en lugar de ocurrir en favor de solo una élite bien conectada. El nuevo sistema crypto es economía gobernada por la gente, para la gente. De forma extraña, en cierta forma es una combinación de los mejores aspectos del socialismo teórico (propiedad social o cooperativa y control democrático) y los mejores aspectos del verdadero capitalismo (libre empresa privada y elección individual de la actividad productiva).

Desde Bretton Woods, la dupla dólar americano/gobierno federal de USA han sido los beneficiarios primarios del monopolio del dinero. Después de la Segunda Guerra Mundial los Estados Unidos fue el exportador dominante para el mundo, así que su moneda disfrutó del estatus de moneda de reserva mundial. Esto luego se vio reforzado por el sistema del Petro-Dólar, el cual se refiere a la cotización de las ventas de petróleo exclusivamente en Dólares Americanos.

Sin embargo, el sistema del Petro-Dólar está comenzando a resquebrajarse, porque China, Rusia e Irán están comprando y vendiendo petróleo sin el uso del Dólar Americano. También, porque los Estados Unidos ya no es más el exportador principal para el mundo (ahora es China). Irónicamente, los USA son ahora los mayores importadores del mundo, y por la década pasada apostaron por el dinero impreso, basado sobre aires de confianza, para comprar esos bienes que importaron.

Estos fundamentos económicos han puesto tremenda presión sobre otros países y ha quebrado el estatus de moneda de reserva del US Dólar. Nosotros sospechamos que mientras el monopolio del dinero continúa fracturándose, estas cryptos creadas públicamente irán llenando el vacío de forma incremental.

Es de importancia vital obtener comprensión de lo que está ocurriendo a través del emerger de las crypto economías, ya que la creación de nuevas cryptos pueden incluirse en el diseño de proyectos más avanzados desde el punto de vista humanitario, donde la creación del dinero distribuido puede acompañar a la producción de alimentos distribuida, al cuidado de salud distribuido, vivienda sustentable, emprendimientos distribuidos… economías distribuidas/descentralizadas.

Cuando a esos que están en la base de la pirámide económica les sea dada la oportunidad de crear valor, y control sobre la forma de intercambiar ese valor, entonces la estructura en forma de pirámide de la economía cambiará, permanentemente. Esto es especialmente cierto acerca de los proyectos humanitarios que incluyen redes de eco-villas auto-sustentables con Centros de Emprendimiento. Ellos pueden diseñarse con su propio sistema monetario de clientela virtual.

Como la propiedad de los medios de producción resulta más ampliamente distribuida, más empleos son creados, los ingresos aumentan, el tamaño de la torta económica se expande, y la disparidad de ingresos entre el rico y el pobre disminuye, haciendo lucir a la pirámide económica más como una panqueca… acumulación de riqueza por las masas en vez de por solo una élite.

B. LAS PRIMERAS ETAPAS DE LA ÉPICA TRANSFERENCIA DE RIQUEZA

Estamos en las primeras etapas de la evolución del uso de las cryptos para transacciones más seguras con moneda digital en el comercio. En los USA la "Ley de Regulación de Monedas Virtuales" (Regulation of Virtual Currencies Businesses Act) establece un marco regulador de forma que los negocios puedan obtener licencia para usar cryptos para pagar y para otras transacciones de negocios.

Cada estado de la Unión está en el proceso de crear su propio marco regulador. Dentro de los próximos 5 a 10 años, la cantidad de transacciones comerciales usando cryptos en lugar de moneda fiat emitida por los gobiernos está supuesta a presentar un crecimiento explosivo, así como lo harán las oportunidades de inversión asociadas a ellas.

Las instituciones están incrementando su atención hacia las cryptos como la alternativa al dinero proveniente de préstamos del gobierno, y cuando el sistema de préstamos de dinero muestra signos de debilidad, se potencia la demanda y los precios de las cryptos.

Noticias de grandes compañías aceptando cryptos como una forma de pago sirve para aumentar la demanda y los precios de las cryptos.

Noticias de grandes corporaciones usando las plataformas de las cryptos para lanzar nuevos productos sirven para aumentar la demanda y los precios de las cryptos.

Noticias de países legislando para permitir cryptos como una forma de pago sirven para aumentar la demanda y los precios de las cryptos.

Noticias y confidencias de corrupción y la exposición de crímenes en los organismos de gobierno de la civilización Occidental sirve para aumentar la demanda y los precios de las cryptos.

Noticias de inestabilidad política,

dimisiones, encarcelamientos y desapariciones/suicidios entre los personeros de los gobiernos y las finanzas sirven para aumentar la demanda y los precios de las cryptos.

Noticias de corrupción en el sistema bancario y los escándalos políticos salpicandolo todo dentro del mundo del dinero sirven para aumentar la demanda y el precio de las cryptos.

Noticias de corrupción en el Sistema de Reserva Federal de los USA sirven para aumentar la demanda y los precios de las cryptos.

Noticias de gobiernos oprimiendo sus pueblos sirven para aumentar la demanda y los precios de las cryptos.

Noticias de fallas de gobernabilidad y crisis entre agencias ínter-gubernamentales sirven para aumentar la demanda y los precios de las cryptos.

Noticias sobre la recesión en los mercados de bienes raíces, con bajos volúmenes de ventas (u potenciales bajas como sucedió en 2008), sirven para aumentar la demanda y los precios de las cryptos.

Noticias de grandes cambios en el poder económico sirven para aumentar la demanda y los precios de las cryptos.

Con todos estos eventos noticiosos comenzando a ocurrir sobre una base más frecuente, la conciencia combinada de la humanidad está siendo expuesta a las cryptos como una alternativa a los préstamos de dinero, y a medida que ciertos límites de conciencia se van alcanzando, la rata de crecimiento de las crypto se incrementa exponencialmente.

Recuerda los primeros días de facebook, cuando alcanzó los puntos de inflexión y pasó de unos pocos millones de usuarios a cientos de millones, y ahora billones de usuarios diariamente. En este caso, en lugar de ir la acumulación de riqueza a algunos jóvenes billonarios propietarios de la compañía, la explosiva acumulación de la crypto riqueza va a los poseedores de coins, quienes son los nuevos propietarios del emergente sistema monetario distribuido.

Una vez que el 1% de todos los adultos humanos con vida, obtengan alguna conciencia al respecto, las cryptos entonces se deslizarán a ser una caudalosa corriente de pensamiento. Al alcanzar el 3% de conciencia, las cryptos comienzan a ser adoptadas globalmente, y se producirá un importante escalamiento de la rata de transferencia de la riqueza del planeta desde el dinero en deuda al gobierno a las cryptos.

El sistema bancario global no tiene mucha liquidez, así que al ir ocurriendo esta transferencia del dinero en deuda al gobierno a las cryptos, se podría experimentar un congelamiento de la liquidez bancaria a nivel global. Esto podría resultar en la quiebra de muchas organizaciones políticas, y repúblicas. Y esto solo serviría para acelerar el proceso.

Bitcoin fue conceptualizado en 2008, motivado por la caída sufrida en la economía por razón de la crisis financiera de ese año. El primer bloque de transacciones, el "Bloque Génesis" incorporó el mensaje, "03/enero/2009 Rector del borde del segundo rescate financiero para los bancos." El primer lanzamiento de Bitcoin, ocurrió en Enero 3, 2009. Le tomó 8 años para arribar al nivel de conciencia 1%. Para la fecha, 2018, ya ronda el nivel 3% de conciencia.

Hay quienes sugieren que por el 2020 se podría haber alcanzado el 10% de conciencia y el límite de involucramiento, integrando los sistemas crypto peer-to-peer (máquina a máquina) como substituto a los sistemas de control centralizado.

Esto podría resultar en que cada mes se alcance romper la marca de transferencia de riqueza del mes anterior, mes a mes, por años y años por venir.

II. SELECCIÓN DE TERMINOLOGÍA TÉCNICA -

EXPLICADA

A. CRIPTOMONEDA

Una criptomoneda (crypto) es un activo digital designado para trabajar como un medio de intercambio, utilizando criptografía para asegurar las transacciones y para controlar la creación de unidades adicionales de la moneda.

El término "crypto" significa criptografía, o encriptamiento de data mediante fórmulas matemáticas, tokens de seguridad y claves llamadas "hash". Las crypto usan una clave pública y una clave privada. La clave pública debe ser la correcta, al compararla a la correspondiente clave privada para crear una "firma digital". Añadir tu firma digital a un documento es una forma de enlazar tu identidad a ese documento y hacerlo de una manera que es difícil de falsificar. De manera similar, coincidiendo tus claves, pública y privada, tu firma digital se añade a un registro público, utilizando un proceso que poco a poco va conformando lo que se conoce como proceso de Árbol de Merkle (Merkle Tree). Cada participante debe tener las mismas firmas que todos los demás para poder mover el proceso de la cadena de bloques hacia adelante.

Así que cuando se imparte una orden como, "Participante A pagará XYZ Bitcoin a Participante B", es como cuando una mosca es atrapada en una pieza de ámbar. La mosca es el contrato, y las cláusulas contractuales se van registrando a lo largo del proceso, junto con todas las otras transacciones durante ese "bloque de tiempo". Este bloque de transacciones sellado con la hora y la fecha hace ciclos a través del sistema, verificado por múltiples canales, antes de ser aceptado como parte del registro oficial. Dependiendo del número de computadoras trabajando en la confirmación del bloque de transacciones, esto puede tardar algunos minutos para computarse. Una vez verificado, los ciclos de bloques-tiempo funcionan como el ámbar que rodea a la mosca, haciendo imposible negar que ese acuerdo tuvo lugar, queda "grabado en piedra", por así decir, como parte de la ecuación, para siempre. Este tipo de Encriptamiento es casi imposible de deshacer por fuerza bruta.

A.1. SMART CONTRACTS (CONTRATOS INTELIGENTES)

"Smart contracts" son acuerdos cuyas cláusulas pueden ser codificadas y verificadas matemáticamente por software de computadora de una forma que no requiere fe de ninguna de las partes del acuerdo. Es de fe neutra. Una aplicación real de esto puede ser una transacción de frontera donde ninguna de las partes conoce o confía en la otra, o la venta de un instrumento financiero como un bono.

"Dry clauses" (Cláusulas Secas) son cláusulas que pueden ser verificadas matemáticamente. El ejemplo clásico es la máquina expendedora donde tu introduces una moneda, y aprietas un botón para comprar un producto, la máquina expendedora verifica la entrada seleccionada, cuando la moneda pasa por un sensor, confirma que la cantidad de dinero es suficiente para cubrir el costo del producto seleccionado, entonces la máquina despacha el producto.

"Wet clauses" (Clausulas Húmedas) son esos elementos que requieren verificación humana húmeda, como múltiples firmas de diferentes verificadores o ejecutores de decisión, tales como los ajustadores de seguros. Los términos y condiciones de los smart contracts pueden ser codificados en lo que se conoce como "block-chain" o "cadena de bloques" (luego hablaremos de esto).

A.2. CLAVES PÚBLICAS Y CLAVES PRIVADAS

Una "clave de seguridad" es una fila de letras y números. En relación a cryptos, una persona obtiene una "clave pública de seguridad" y una "clave privada de seguridad". Las claves públicas y las claves privadas se juntan en pares. La parte de la clave pública es compartida con el público. La parte de la clave privada solo es conocida por el propietario. Tu clave pública es tu identidad en el sistema. Cualquier persona puede encriptar un mensaje utilizando la clave pública del receptor, pero solo la persona con la clave privada correspondiente puede desencriptar el mensaje. Esto significa que es seguro compartir la clave pública con el público. Pero la seguridad depende en mantener la correspondiente clave privada, privada (aquí es donde las wallets (monederos) de hardware entran en juego... (luego hablaremos de esto).

Las transacciones son "firmadas" digitalmente por la combinación de las claves pública y privada; una función matemática es aplicada y un certificado se genera, probando que el usuario inició la transacción. Las firmas digitales son únicas para cada transacción y no pueden ser re-usadas o forjadas.

A.3. CRYPTO-COINS (CRYPTO-CENTAVOS)

Un centavo electrónico o "crypto-coin" NO es como un centavo físico que pasa de las manos de una persona a otra, aunque a primera vista pareciera que sucediera así. Un coin/token es una colección de entradas en un libro de registro global, una cadena de firmas digitales (claves públicas) representando asignaciones de valor en ese registro. Un coin físico no tiene grabación del histórico de transacciones. En contraste, un crypto coin/token es en si mismo una grabación del histórico de transacciones.

Una transacción tiene lugar cuando, un propietario asigna un valor de coins a otra persona, mediante la firma digital (agregando su clave pública y privada), a una versión encriptada de la transacción previa, y añade al libro de registro global la clave pública de seguridad del próximo propietario, que es quien recibió el valor de coins traspasado.

Estas firmas digitales entonces se añaden al final del libro de registro global de la crypto-coin. Cuando alguien te "envía" o te asigna el coin, está añadiendo tu clave pública al registro de transacciones del registro global. Entonces, para que tu puedas pagar o enviar el valor de tu coin a alguien más, primero debes de calzar tu clave pública con tu clave privada, que es la forma como tu digitalmente apruebas la transacción. La clave privada es lo que impide a algún atacante de ser capaz de "robar" la asignación grabada en tu haber. En otras palabras, tu asignación de "coins" existe en el registro de transacciones guardado en cientos de miles de computadoras alrededor del mundo, y tu puedes acceder a tus "coins" desde cualquier lugar del mundo, con solo entrar a tu cuenta en internet y usar tu clave pública y tu clave privada para hacer transacciones. No hay más necesidad de realizar "transferencias por cable" o transportar dinero, ni siquiera cuando vas de viaje o negociando internacionalmente. Esto da a las cryptos una arista de ventaja por sobre cualquier otra forma de dinero, incluyendo la plata y el oro.

A.4. BLOCK-CHAINS (CADENAS DE BLOQUES)

Para hacerlo simple, un nuevo grupo de transacciones dentro de un cierto período de tiempo es llamado un "bloque". Cada nuevo bloque contiene una versión encriptada del bloque previo, de ahí el término "block-chain". En otras palabras, una cadena de bloques es una serie de registros de computación marcados con la hora y la fecha (bloque), de un tamaño específico, donde cada bloque de tiempo está lleno con data (transacciones, registros, etc.), cada una de las cuales debe ser verificada matemáticamente por múltiples canales antes de ser aceptada y colocada en la cadena de eventos en crecimiento (el registro de la cadena de bloques) que está distribuida públicamente y que es aceptada como válida.

Es esencialmente un servicio contable que utiliza un registro matemático. Piensa en ello como construir una estructura de piedra que requiere que todo el mundo conozca y verifique todas las otras piedras en la estructura antes de ser posible añadir una nueva (la cadena de bloques). Cada "bloque" sucesivo de piedra se hace parte de toda la estructura y no puede separarse. Cada transacción grabada o cada registro se "hace piedra" y matemáticamente improbable para un atacante deshacer o falsificar.

A.5. LIBRO MAYOR (LEDGER)

Un libro mayor es un registro de transacciones que han tenido lugar. En el contexto crypto, la block-chain misma es el libro mayor, libro mayor distribuido copiado por millones de participantes, y que cada uno de estos participantes tienen idéntico registro de data, sirviendo como "nodos" (servidores) alrededor de todo el mundo. Todo el que tiene un full nodo tiene una copia completa del libro mayor, con registros de toda la data desde el día 1 hasta el presente. Cualquiera con una copia de estos registros puede efectuar una validación completa, del libro mayor completo hasta este mismo minuto, y cualquiera podría recrear sistemáticamente la cadena de bloques completa desde cualquiera de las copias, si por alguna razón los otros servidores/nodos quedaran todos inutilizados (llama solar, pulso EMP, etc.). Esto es lo que hace robusto a este sistema.

Una transacción solo es considerada válida si tiene el consenso de más del 51% de los nodos/mineros, así un potencial atacante tendría que tener más poder computacional que todas las otras computadoras en la red combinadas, haciendo casi imposible para un hacker tomar la delantera en el sistema. En el raro caso de que un atacante pudiera tener más potencia computacional que todas las otras computadoras en el sistema combinadas, las tarifas de las transacciones y las recompensas por nuevos coins proveen un incentivo económico para que el atacante decida, más bien, participar honestamente.

En un mundo donde se incrementan las amenazas a la seguridad por parte de los hackers (patrocinados por gobiernos y privados por igual), donde la experiencia de las instituciones financieras tradicionales es que, experimentan robos de identidad y transacciones fraudulentas, las redes crypto están emergiendo como lo más seguro, y la alternativa mejor diseñada. Esta es una razón del porqué están ganando aceptación por las mayores instituciones, y ahora se está convirtiendo, en el uso contable, como la corriente principal.

Sin embargo hay un lado negativo, y es que técnicamente no hay privacidad, porque todas las transacciones son transparentes. Hay la falsa creencia de que nadie sabe quién tu eres o cuales son tus actividades en el cripto espacio. Aunque eso pudiera ser cierto acerca de las transacciones mismas (significando que las transacciones no conllevan información personal identificable), no es verdad acerca de ninguna información asociada con las cuentas en las que ocurren las transacciones, si esas cuentas están en la plataforma de exchange o compra-venta de divisas, porque estas requieren nombres, cuentas de banco asociadas, identificaciones proporcionadas, etc. También existe una colección de meta data (dirección IP, navegador, geolocalización, etc.) las cuales, cuando se combinan con otros sistemas, pueden crear pistas de identidad.

A.6. COIN VS. TOKEN

Un cripto-token es una crypto moneda que no posee su propia cadena de bloques. Al momento de escribir este libro, la mayoría de los tokens están construidos sobre la red Ethereum y usan la cadena de bloques de Ethereum, lo que significa que también pueden ser guardados en un monedero (wallet) de Ethereum (luego discutiremos acerca de los wallets). En contraste con esto los crypto-coins tienen su propia plataforma/ red de computadoras y cadena de bloques.

Cuando se inicia un nuevo token mediante una oferta pública, es llamado una ICO (Initial Coin Offering), aunque en verdad técnicamente no se trata de un coin. Los Tokens, sin embargo, también representan bienes negociables, como certificados, puntos, items de juegos, cuotas o acciones en una compañía, o un derecho a voto. Porque los tokens se usan para reunir fondos en una oferta pública, también se refieren a ellos como crypto activos o crypto patrimonio.

B. MINEROS (MINERS)

Poniéndolo simple, "minar" es el acto de grabar las nuevas transacciones. Los nodos/servidores en las redes de monedas virtuales son llamados "mineros". Los mineros, también son llamados plataformas de minado o plataformas de minería, son computadoras que coleccionan y verifican las nuevas transacciones transmitidas y las agrupan en un bloque. El acto de añadir computacionalmente un nuevo bloque a la cadena de bloques conlleva la creación de unos pocos nuevos coins (recompensa de nuevo coin) para compensar a los mineros por su trabajo, quienes además también cobran pequeñas tarifas que se cargan a las transacciones.

En otras palabras, en vez de estarse creando nuevo dinero digital por capricho, y ser distribuido a la economía por un monopolio bancario privado (banco central en algunos países), la creación de la mayoría de las cryptos está ligada a un trabajo basado en un acertijo matemático, que está siendo resuelto por la red de nodos/servidores llamados "mineros". Este acertijo, es llamado "prueba de trabajo" (Proof of Work), tiene cada uno un nivel de dificultad conocido, y una rata especificada de distribución o reserva establecida de coins una vez que han sido resueltos, los cuales les son otorgados al primer minero que resuelva el acertijo para ese bloque particular (nota: Algunas cryptos son pre minadas o pre designadas o pre repartidas o no tienen una reserva establecida desde que ellos mismos son consumibles, p.e. Ripple, Ethereum). La ecuación del crypto acertijo se va resolviendo lentamente por los mineros como parte del proceso de confirmación / validación de la cadena de bloques.

Algunos coins son minados mejor usando ASICs (Application-Specific Integrated Circuits – Circuítos Integrados para aplicaciones Específicas) preparados para un uso particular, en vez de para un uso de propósito general. Otros coins son minados usando GPUs (Graphic Processing Units – Unidades de Proceso Gráfico). Algunos coins son minados usando el algoritmo de hash SHA-256, y algunos usan SCRYPT, o ETHASH, o EQUIHASH, o X11.

B.1. PISCINAS O POZOS DE MINADO (MINING POOLS)

Debido al incremento de la dificultad computacional en el minado, y la necesidad constante de emplear mejores y más avanzados hardwares (equipos), está permitido que los mineros establezcan alianzas, y juntos conformen un "mining pool", operando todos en conjunto como un súper computador. Su poder computacional combinado les permite incrementar la frecuencia de ser los primeros que generan el nuevo bloque. También, desde que los nuevos coins solo son conferidos al primer minero en resolver el acertijo de la "proof of work", para cualquier bloque en particular, los mineros pueden reducir la volatilidad de sus recompensas trabajando juntos con otros mineros en una mining pool. La parte que te corresponde de las ganancias de la mining pool esta basada en el porcentaje del total del minado de la pool que realiza tu equipo (si tu plataforma de minado corresponde al 5% de la capacidad total de hash de la pool, entonces recibirás 5% de lo obtenido por las tarifas generadas en las transacciones y los nuevos coins conferidos para los miembros de la mining pool). La tarifa de la mining pool es usualmente 1% a 2% de tus entradas.

B.2. MINANDO EN LA NUBE (CLOUD MINING)

"Cloud mining" es cuando alguien compra

un contrato de minado de una granja de minado (mining farm), el cual básicamente confiere derechos sobre cierta cantidad de poder de computación/hash por un cierto período de tiempo. En este contexto, mineros/inversores están básicamente haciendo leasing, que es más o menos como rentando, potencia de servidores/hashing en el centro de data de alguien, y pagando tarifas de mantenimiento para cubrir los costos operativos (alquiler, electricidad, internet). Esta es la mejor versión "manos-libres" de minado y tiene el más bajo costo de entrada.

B.3. PROOF-OF-WORK (PRUEBA DE TRABAJO)

Con el fin de desalentar un atacante a acometer el intento de crear un bloque fraudulento, la block-chain también debe registrar el llamado "proof-of-work", lo cual es el acto de hallar, descubrir o establecer un número arbitrario generado al azar llamado "nonce". Para que un nuevo bloque sea aceptado por el resto de la red en la cadena de bloques, debe contener la proof of work. Esta proof of work consiste de un ejercicio realizado por los mineros para conseguir el nonce, de manera que cuando el contenido del bloque sea hashed/computado junto con el nonce, el resultado sea numéricamente menor que la meta de dificultad establecida en la red.

Esto significa que el minero con la mayor cantidad de potencia de computación o hash-power siempre será el primero en encontrar el nonce, completar el bloque, y recibir el coin de recompensa?

No, ese no es el caso, porque el nonce dado para cada bloque es diferente para cada minero, lo que lo hace que esto sea más como una lotería que como una carrera. Esto significa que los pequeños mineros también tendrán suerte cuando les corresponda un nonce fácil de encontrar.

Aún así, la cantidad total de hash-power que un minero o un mining pool tenga en promedio, incrementa exponencialmente la probabilidad de ser los que consigan el nonce. Con el Bitcoin, cada 2016 bloques (lo que sucede cada 14 días regularmente), el nivel de dificultad es cambiado o ajustado para el hashpower total de la red, de forma que toma en promedio 10 minutos para que alguien encuentre el nonce y complete un bloque. Esto significa que en la medida en que más personas se decidan a participar de la minería de Bitcoin, todo el resto de los participantes de la red encontrarán disminuida su proporción de la potencia total de computación, por lo que su poder de ingreso, resulta diminuido.

La proof-of-work es fácil de verificar por cualquier nodo en la red, pero extremadamente exigente y dificultoso de generar, por lo que toma mucho tiempo para ello. Para dar una idea de cuan difícil es la proof-of-work, para Marzo de 2015 el número promedio de nonces que los mineros debían de verificar antes de crear un solo nuevo bloque en la red Bitcoin eran 200.5 quintillones, y el número aumenta continuamente.

Esto hace a la cadena de bloques computacionalmente improbable de cometerle fraude. El nivel de dificultad en completar el proof-of-work es muy ajustado y se incrementa la dificultad con el discurrir del tiempo. Los mineros son compensados por su trabajo con tarifas establecidas para cada transacción y con nuevos coins. Por ejemplo, por Julio de 2016, los mineros de Bitcoin recibían 12.5 nuevos coins por bloque añadido a la block-chain.

Así es como nuevos coins pasan a existir.

En otras palabras, el acto de intercambio económico utilizando cryptos de hecho crea más monedas para facilitar el volumen en incremento de intercambio económico. El incremento en disponibilidad de dinero sigue de cerca a la expansión económica, por lo que la inflación se ve minimizada.

Esta es una versión descentralizada de una política económica, sin la necesidad de bancos centrales

B.4. PROOF-OF-STAKE (PRUEBA DE PARTICIPACIÓN)

Con el modelo proof-of-work, una cantidad considerable de poder de computación, así como de consumo eléctrico, es consumido en la resolución del acertijo establecido, y el poder computacional y la electricidad son costos sustanciales de las transacciones (algunos expertos especulan que para el 2020 las transacciones de Bitcoin podrán consumir tanta electricidad como Dinamarca). Estos costos de computación son trasladados al usuario final de la red monetaria como costos de transacción.

Un método diferente de obtener consenso entre los nodos de la red es la "proof-of-stake". Esta fue propuesta por primera vez en 2011 y ya ha sido adoptado por algunas redes de coins, como Peercoin, ShadowCash, Nxt, BlackCoin, NuShares/NuBits, Quora, y NavCoin.

Proof-of-stake usa menos electricidad y menos esfuerzo computacional, haciendo a la red varias miles de veces más efectiva en costos, resultando en tarifas de transacción más económicas para los usuarios finales. Esto puede hacer a la crypto misma como una opción de pago más atractiva para transacciones comerciales, especialmente si son comparadas con las tarifas de transacción de sistemas de pago como las tarjetas de crédito, ACH, y transferencias por cable.

El modelo de consenso de la ptoof-of-stake tiene maneras de mantener la seguridad y la integridad de la red monetaria, y también es un algoritmo con los mismos fines que el de la proof-of-work, pero el proceso de alcanzar el mismo objetivo, es muy diferente. En lugar de recompensar a los mineros que resuelven los acertijos matemáticos como la forma de validar las transacciones y crear nuevos bloques, el método proof-of-stake asigna cada nuevo bloque de transacciones a nodos/validadores basado sobre cuanto del total de la emisión de coins ellos han conseguido (el tamaño de la participación o la "stake" en el sistema). Cada nodo/validador obtiene la asignación de un bloque, pero aquellos con mayor participación en el sistema obtienen bloques asignados a ellos con mayor frecuencia. Ellos no son recompensados con coins, sino con tarifas de transacción. Este es el porqué los nodos/validadores en el sistema proof-of-stake reciben el nombre de "fragmentos" "sharders" en lugar de mineros, porque ellos no están minando nuevos coins.

C. TIPOS DE COINS

C.1.BITCOIN

Al momento de la realización de este libro, el crypto más ampliamente conocido es Bitcoin, el cual es un coin hecho de bits de código de computación. Fue conceptuado, o su concepto fue diseñado en 2008 en un whitepaper (papel blanco) titulado, "Bitcoin: Un Sistema Monetario Electrónico Peer-to-Peer," por un grupo anónimo que se firmó Satoshi Nakamoto. Este es un enlace a ese whitepaper. Consta solo de 9 páginas. **Por favor léelo!**

Aunque solo entiendas el 10% de su contenido, este es un conocimiento básico crítico para el entendimiento del propósito y la función de la plataforma de Bitcoin, y de todos los otros cryptos que le han sucedido.

Si tu quieres duplicar el potencial para la comprensión del whitepaper, luego que termines de leer nuestro reporte de la Evolución de las Crypto-Monedas (Crypto-Currency Evolution) puedes ver este segmento de 8 videos sobre Bitcoin de la Khan Academy, que toma como 100 minutos (pero si lo ves a 2x toma menos de una hora).

En los exchanges, el símbolo en uso para el Bitcoin es BTC. En vista de la ventaja del Bitcoin por haber aparecido de primero, BTC goza en efecto de la mayor capitalización de mercado y con frecuencia se le refiere como poseedor de un estatus de reserva monetaria sobre otras cryptos, a pesar de que esto puede cambiar en cualquier momento.

C.1. LIMITACIONES DEL BITCOIN

A pesar de que Bitcoin llegó primero, su diseño presenta ciertos asuntos de forma de control. Ellos fueron pioneros en el modelo de proof-of-.work. El volumen de potencia computacional y la cantidad de tiempo que consume para completar la proof-of-work para nuevos bloques hace que el Bitcoin sea más adaptado para transacciones grandes y poco frecuentes.

Para transacciones menores, las personas pueden usar cantidades equivalentes a fracciones de Bitcoin. Un microBitcoin es una millonésima (0,000001) parte de un Bitcoin., y la unidad más pequeña es un Satoshi, el cual equivale a la cien-millonésima (0,00000001) parte de un Bitcoin (si el valor del Bitcoin se ubica en $500.000 USD por BTC, esta pequeña denominación puede resultar muy útil). Sin embargo, el espacio para los bloques es limitado, y el costo de las computaciones, cada vez más complejas, está creciendo exponencialmente (las computaciones se miden ahora en terabytes en vez de gigabytes).

También, hay una cantidad fija de Bitcoins que pueden ser minados, ya que la cantidad total de Bitcoins esta establecida en 21 millones, y las computaciones se alargan cada vez que las transacciones se establecen y se añaden a la block-chain/ledger. Los diseñadores de la red trazaron que una vez que haya suficientes usuarios y transacciones de Bitcoin y se hayan creado esos 21 millones, los mineros puedan entonces ser recompensados solamente por las tarifas de las transacciones. Si no se modifica, está estimado que el último Bitcoin debe ser minado dentro de unos 100 años, pero hay una cantidad de cambios al código que están diseñados para perfeccionar esto.

Una solución es incrementar el tamaño de los registros/bloques de manera que puedan contener más transacciones. Otra solución es añadir una segunda capa, una capa segregada, para las transacciones más pequeñas que solo se añadan al bloque periódicamente. Pero las modificaciones al software requeridas se están viendo muy comprometidas políticamente y ha habido y habrá múltiples divisiones o "bifurcaciones" entre los mineros que conforman la red Bitcoin.

La razón por la que se prevee que ocurran bifurcaciones es que el código fuente es abierto y manejado por consenso, lo que significa que, para que algo tenga efecto, requiere que más del 80% de todos los que están usando el software realicen el mismo cambio a su código base. De otro modo, resultará en una "bifurcación" o división de la moneda y generará una segregación de la block-chain desde ese punto en adelante. Esto ya ha sucedido varias veces, y los resultados han sido, Bitcoin XT, Bitcoin Classic, Bitcoin Unlimited, Parity Bitcoin, y en Agosto 1, 2017, Bitcoin Cash.

Es difícil determinar cual bifurcación va a ser acogida por la mayoría, y es aquí donde el tamaño relativo de la potencia computacional que posea un mining pool puede tener influencia directa en cual dirección votarán los mineros y qué versión de moneda es percibida como la "original". Esto hay que recordarlo ya que hay grandes avances técnicos programados para cada crypto, y con cada actualización hay un potencial para que este tipo de evento ocurra, aunque la mayoría tiende a evitar estas bifurcaciones o divisiones en el código ya que esto puede impactar drásticamente en el valor percibido del coin.

C.2. ETHEREUM

Estos asuntos relativos a la gobernabilidad o al control del Bitcoin fueron anticipados y direccionados con anticipación a su ocurrencia por un prodigio de 18 años de nombre Vitalik Buterin en su whitepaper del 2013, *"Ethereum White Paper: Un Contrato Inteligente de la Próxima Generación y Plataforma de Aplicación Descentralizada"* (*Ethereum White Paper: A Next Generation Smart Contract & Decentralized Application Platform)*
Por favor lea también este documento!
En lugar de tratar de mejorar Bitcoin, él

presentó otra plataforma nueva, llamada Ethereum. La red Ethereum tiene un token (coin) llamado Ether, pero el público en general igual lo llama Ethereum. En los exchanges, el símbolo con que se indica es ETH.

Bitcoin es como una computadora restringida que solo posee ciertas funciones, Ethereum es como una computadora multipropósito y fue diseñado con la vista puesta 10 años hacia adelante. La red Ethereum ejecuta contratos inteligentes mejor de como lo hace Bitcoin. Ethereum fue diseñado como una plataforma para que otros coins/tokens puedan instalarse a operar como una DAPP (Decentralized Application), o Aplicación Descentralizada, que es básicamente un software que consiste de una interfaz de usuario (UI) y un respaldo descentralizado, haciendo uso de smart contracts y .de la blockchain de Ethereum. Este entramado da a la red Ethereum una ventaja tremenda. Sin embargo también posee algunos contratiempos.

La red Ethereum experimentó una bifurcación mayor en 2016. La red de mineros Ethereum se dividió como resultado de un significante hurto a un grupo conocido como "The DAO", que es la Distributed Autonomous Organization (Organización Autónoma Distribuida). La DAO levantó un fondo de $150 millones USD en Ether (en ese tiempo) y fue hackeada, y una gran cantidad de su Ether fue robado. Lo que comenzó como un intento de rescatar los fondos de los inversores en este proyecto de alto perfil originó una escisión que efectivamente dividió a la comunidad Ethereum. Ellos propusieron una votación, y la mayoría de los participantes concordaron que querían cambiar el código de Ethereum, como forma de devolver los fondos a los inversores y rescatarlos de las manos de los atacantes.

Los que decidieron mantener el diseño del sistema original lo retuvieron bajo el nombre de "Ethereum Classic" (ETC). Los mineros que adoptaron el software nuevo mantuvieron la marca "Ethereum" (ETH), porque Vitalik Buterin y los otros fundadores de la red Ethereum eran parte de este grupo.

Esto resultó en que los usuarios ahora tenían acceso a dos versiones ligeramente diferentes de la plataforma Ethereum, la versión "oficial" de la blockchain mantenida por sus desarrolladores originales, y la Ethereum Classic, una blockchain 'alternativa' (pero con el diseño original) mantenida por otro grupo totalmente nuevo.

En otras palabras, 'Ethereum Classic' es la blockchain original donde los fondos nunca retornaron a los propietarios del Ether que perdieron los fondos cuando hackearon a la DAO. La Ethereum actual es, por contraste una versión paralela de la blockchain que tomó medidas para hacer que la masiva sustracción de fondos sea inutilizable en su red.

Sin contar con este evento, la red Ethereum es sólida en su diseño y es utilizada como plataforma por otros. Un gran porcentaje de nuevos tokens/coins han sido diseñados sobre la red Ethereum utilizando el token *estándar "ERC-20". A medida que los gobiernos legislen sobre sus Regulaciones de Monedas Virtuales, el número de negocios que usen tokens/coins podría sufrir una avalancha.*

Una vez que el concepto del coin virtual se haya generalizado, un creciente número de firmas especializadas en diseño se espera que irán integrando más funcionalidades para el comercio tradicional. Por ejemplo, las cadenas minoristas que utilizan cupones impresos podrían reemplazarlos con cupones tokens. Esto en su gran mayoría serían desarrollados sobre las redes de Ethereum y Ethereum Classic.

Desde que muchos de los coins/tokens que van siendo desarrollados sobre las dos redes Ethereum tienen una fuerte utilidad como contenedores, pueden convertirse (y en algunos casos ya lo hicieron) de más valor que sus subyacentes Ethereum/Ethereum Classic coins mismos. Dentro de algunos años, el precio de ETH/ETC o cualquiera de esos otros coins/tokens pueden exceder de lejos el valor del Bitcoin, debido a su velocidad de ejecución y su utilidad.

Algunos especuladores creen que cada gran empresa en el mundo tendrá que eventualmente utilizar block-chains para sus transacciones, porque es la única manera de garantizar que tendrán sus sistemas garantizados.

Muchos bancos y plataformas ya están aceptando Ethereum a cambio de US Dólares, así que cualquier token creado por una compañía podría ser intercambiado por Ethereum, que a su vez podría ser cambiado por dinero fiat, lo que significa que Ethereum también puede servir como una moneda de reserva, a pesar de todas las significativas diferencias con Bitcoin.

Los diseñadores de la red Ethereum no han colocado aún un límite oficial al total de coins que podrían emitir, ya que hay una cantidad de coins que están siendo consumidos como "gas" en la realización de las transacciones. Inicialmente ellos cometieron el error de dar muchos coins a los accionistas y a los diseñadores, y no dispusieron de suficientes coins para los mineros. Los mineros no tienen ningún acuerdo contractual, y si la gente deja de minar el sistema colapsa. Si no hay compensación por actuar como la columna vertebral de la red, entonces los mineros empezarán a apuntar sus plataformas hacia otros coins.

Ese es el porqué de que existan propuestas para modificar el sistema en lo relativo a como los coins son generados, usados, y/o consumidos. De momento la comunidad Ethereum ha estado discutiendo un cambio al modelo proof-of-stake. Si esta propuesta prospera, y no hubiera una votación unánime entre los nodos de la red, esto podría resultar en otra bifurcación de la red Ethereum.

Ethereum Classic está también conversando sobre otras adiciones propuestas al sistema original. Ethereum Classic tampoco a tomado una decisión sobre el número de coins adicionales todavía, y algunos especulan que el nivel de estabilidad será alrededor de 120 millones de ETC, dejando por sobre 110 millones de coins para ser minados en los próximos 20 años. Ethereum Classic continúa plegado al modelo proof-of.work. Esto significa que hay muchas oportunidades para minar ETC, lo que le es muy favorable. También ETC comparte la reconocida marca Ethereum, lo que siempre le ha dado garantía de mucha popularidad.

C.3.ALT-COINS

Mientras que Bitcoin y Ethereum son las cryptos más confiables y ampliamente utilizadas, existen algunas otras coins alternativas (Altcoins).

CoinMarketCap tiene una lista de mas de 900+ cryptos y su mercado de capitalización, basado en dólares americanos. Resulta un desafío técnico realizar un análisis acerca de la utilidad de cada una sin establecer la oferta en, el caso de uso/caso de negocio, y el diseño de cada coin y cada token. Existe un número incremental de coins fachada, que no tienen un uso o un producto, o están preminados o preasignados o prerepartidos o que tienen una puerta *trasera que permite a los diseñadores crear más coins para ellos mismos en un futuro.*

Dicho esto, pasamos a nombrar algunos de los más notables cryptos en uso, basados en su capitalización de mercado y/o su utilidad:

. **Litecoin** *tiene una manera diferente de procesar transacciones y es como un Bitcoin 2.0, con superior velocidad y estabilidad. Fue diseñada como una solución optima para las transacciones del día a día, lo que significa que puede ser una buena inversión a largo plazo por la tendencia de las transacciones diarias a migrar a sistemas de crypto. Puede ser también interesante para los interesados en minería.*

. **Dash** *ofrece las mismas características que el Bitcoin, pero también presenta avanzadas capacidades, incluyendo transacciones instantáneas, transacciones privadas, y gobernabilidad descentralizada. Originalmente se le llamó Xcoin, luego cambió su nombre por*

Darkcoin, y en 2015 fue remarcado como Dash, que es una combinación de dos palabras: Digital Cash (efectivo digital).

. **Veritaseum** es un token de aplicación construida sobre la plataforma Ethereum, creada para posibilitar mercados de capital sin depender de firmas de corretaje, bancos, o exchanges tradicionales (esta puede ser también una buena opción para invertir a largo plazo, porque el dinero institucional buscará canalizarse hacia esta opción si la misma prueba su utilidad).

. **Ripple** fue creada por bancos convencionales para colocaciones bancarias. Este es el "coin bancario", único en su tipo en cuanto a la crypto industria concierne. No se mina y es muy pre asignado, pero sin ofrecer información sobre cuanto o a quién. Muchos le ven potencial amparado en que tiene respaldo del Gran Capital, pero es parte del mismo sistema que ha causado nuestros problemas económicos. Puede ser considerado como una cripto extensión del actual sistema fiat global.

. **InsureX** *fue creada para manejar smart contracts para la industria de seguros y es una que tiene un gran potencial si toma la ventaja del primer movimiento en esa industria.*

. **Zcash** *está en la red de Bitcoin, pero con una rutina de privacidad diferente de forma que la gente no pueda mirar en el libro de registro global e identificar al usuario fácilmente, lo que significa que el registro completo es opaco, es computacionalmente expansivo para validar (alto costo de transacción y tarifas). Tiene una base de usuarios muy leal, pero los mismos detalles de gobernabilidad del Bitcoin.*

. **Monero** *también está sobre la red Bitcoin y ha mejorado sus características de privacidad, pero no con la misma extensión de Zcash.*

Aquí hay una lista de los casos dominantes por su uso, y sus monedas primarias en cada categoría:

*1. **Smart Contracts:** Ethereum, Ethereum Classic, Ardor, Lisk*

*2. **Payments:** Bitcoin, Litecoin, Ripple,*

Stellar

3. **Data Storage:** *Sia, Storj, MaidSafe*
4. **Privacy:** *Zcash, Dash, Monero*
5. **Governance:** *Tezos, Decred*
6. **Inter-chain Transfer:** *Cosmos*
7. **Computing:** *Golem*

D. EXCHANGESDECRYPTO-MONEDAS

CASAS DE CAMBIO DE CRYPTO-MONEDAS

Algunos exchanges de criptomonedas han sido creados por emprendedores para permitir más funcionalidad en la cripto economía emergente. De momento las exchanges primarias son: Coinbase, Poloniex, Kraken, y Bitfinex. Sin embargo, algunas exchanges han sido hackeadas, por lo que cayeron en banca rota (Mt. Gox), o les han robado las monedas digitales de sus clientes.

*No hay problema en utilizar los exchanges para comprar monedas, **pero no confíen en ellas para que actúen como una cuenta de banco.** Todavía adolecen de muchos detalles técnicos, interrupciones, y son* *susceptibles de ataques. Muchos exchanges son offshore, o costa afuera, y no son amparadas por una póliza de seguro, y se debe recordar que las cryptos son diferentes en cuanto a que **cuando una transacción es confirmada, no tiene vuelta atrás.** Por esto no es aconsejable dejar permanecer una mayoría de nuestras cryptos en una cuenta de un exchange. Es mucho más seguro mantener y controlar nuestras cryptos fuera de línea, sin conexión, en un hardware o wallet de papel (luego hablaremos de esto), en caso de que el exchange desaparezca.*

CoinMarketCap hace una lista de los principales exchanges, por volumen de negociaciones. Si uno fuera a negociar activamente cierto tipo de monedas, sería preferible hacerlo en una de las cinco principales exchanges, primeras para ese tipo de monedas.

Veamos más información sobre los primeros exchanges:

. Coinbase ha aumentado sobre $100M en fondos venture. Ellos gozan de una alta confianza por parte del público

como servicio de wallet digital que te permite comprar y vender Bitcoin y Ethereum. Ellos facilitan a las personas promedio el comienzo a negociar con monedas digitales. De hecho, se puede enlazar su cuenta de Coinbase a su tarjeta de crédito o cuenta de cheques, y transferir dinero fácilmente a/y desde la cuenta exchange (instantáneamente para tarjetas, 5 a 7 días para depósitos de banco). Sin embargo Coinbase cobra tarifas costosas y restringe a los nuevos usuarios a muy pocas transacciones semanales.

. Poloniex es un exchange que ganó popularidad gracias a su oferta sobre las Altcoins más populares. Este es un buen exchange para negociar Ethereum. Sus tarifas son más económicas que las de Coinbase y su software es amigable e intuitivo, una vez que conoces y entiendes su interfaz. Tiene la particularidad de que no puedes negociar con ellos en monedas fiat, así que debes de proveerte primero de monedas virtuales, y entonces transferirlas a tu cuenta en Poloniex, para poder cambiar/negociar las Altcoins.

.Kraken fue fundado en 2011 en San Francisco, USA, y se ofrece como uno de los exchanges de Bitcoin más seguros y tiene una amplia oferta de Altcoins en su cartera.

. Bitfinex es un exchange que goza de mucha liquidez. Aparte de algunos pequeños problemas técnicos que presentó en el pasado, este exchange es un lugar confiable para negociantes activos. De hecho están muy bien posicionados entre los exchanges por el volumen de negociaciones.

.Coinigy es una compañía que congrega todas las empresas de exchange en una sola plataforma de intercambio y permite a los operadores el acceso a más de 45 de los exchanges más populares desde tu cuenta. Para los inversores que quieren estar activos con cryptos, Coinigy funciona como una plataforma para corredores todo-en-uno que ofrece acceso y orden de ejecución para todas las monedas digitales y exchanges más importantes. Los inversores pueden enlazar sus cuentas con otros exchanges a

su cuenta Coinigy, y colocar ordenes, y supervisar sus operaciones desde una sola locación.

E. OFERTAS INICIALES DE COINS (ICOs)

(INITIAL COIN OFFERINGS)

Una oferta inicial de coins es, cuando un grupo de desarrolladores promueven la apertura de su nuevo coin o token al público en general, similar a lo que es una Oferta Pública Inicial (IPO – Initial Public Offering) en el mercado de valores. No obstante, a diferencia de una IPO, que utilizan bancos de inversión como interfaz con los inversores, la Initial Coin Offering son conducidas directamente por cada empresa promotora de sus Coins/tokens a través de ventas públicas, y su primera fuente de información, es su propio portal web. Hay empresas que se dedican a mantener siempre un listado de compañías que anuncian las fechas para la apertura de sus ICOs (luego hablaremos más sobre esto).

Como potencial inversor, una vez que tienes noticias de un próximo evento ICO, para participar tienes que pagar los nuevos coins o tokens utilizando las cryptos que la compañía especifica de las que ya están en el mercado, y enviarlas a la dirección pública de contacto del grupo.

Ya cuando los promotores de la ICO tienen suficientes participantes, lanzan el nuevo coin o token a uno o más exchanges y depositan en tu wallet los que tu adquiriste. Cuando el coin/token se hace popular, o si el proyecto necesita más fondos, la compañía convertirá en los exchanges los coins que recibieron (como Bitcoin y Ethereum), y añadirán los otros coin propios que hayan reservado para ellos mismos. Si los vendedores u otros usuarios ven en el nuevo coin una fuente de valor, entonces se fortalece y pasa a ser utilizado para adquirir con él bienes y servicios y/o pueden ser negociados en los exchanges de monedas.

F. MONEDEROS (WALLETS)

Una pregunta lógica es, "Cómo yo tengo monedas virtuales, si no puedo depositarlas en una cuenta de banco y no puedo tenerlas físicamente en mis manos?"

La respuesta es un software conocido como "wallet" o monedero, que guarda las credenciales de tus valores coins. El wallet es una colección de tus claves públicas y también de tus claves privadas, a la que más nadie tiene acceso. En lugar de ser un monedero de cuero guardado en tu bolsillo, es un monedero virtual guardado en tu laptop, en tu PC, tu teléfono inteligente, o en tu cuenta de un Crypto Exchange o de un servicio wallet en línea.

De cualquier forma, cada una de estas opciones, corren el riesgo de ser intervenidas por un atacante o hacker. De hecho si tienes un software de wallet en tu teléfono celular, PC, o laptop, debes de estar en cuenta de que puede ser hackeado (se ha demostrado que en todos los smart phones existen espías de teclado).

Es importante que recordemos que las monedas virtuales no están guardadas en tu wallet. El Bitcoin, por ejemplo, está guardado en la cadena de bloques/libro de registro que existe en cada una de las computadoras de minería de la red Bitcoin. Lo que está guardado en tu wallet es tu clave privada que te da el control sobre los coin asignados a tu nombre en la blockchain/ledger de Bitcoin. Si un atacante obtiene una copia de tu clave privada, tu pierdes el control sobre tus monedas virtuales.

Los softwares de wallets tienen inherente un riesgo de seguridad, pero esa no es la única opción.

También se cuenta la alternativa de escribir tus claves privadas encriptadas en papel y lo guardas en un lugar seguro, o también hasta podrías memorizarlas. De esta forma estarías guardando tus monedas virtuales en tu cabeza. Pero si olvidas o extravías tus claves privadas encriptadas, tus activos virtuales serán inaccesibles para siempre, porque las redes no reconocerán ninguna otra evidencia sobre tu propiedad. No existe un mecanismo de recuperación de claves privadas (con alguna excepción).

Una de las maneras más seguras de guardar tus claves públicas y privadas, las credenciales digitales de tus activos virtuales, es el llamado "Hardware Wallet", que es un dispositivo físico que guarda el software encriptado. El hardware wallet más seguro es el que no esté conectado a internet todo el tiempo.

Cuando usas un hardware wallet, lo conectas a un puerto USB para de forma intempestiva conectarte a internet para hacer y recibir pagos, y luego lo desconectas nuevamente para guardarlo de forma segura. Lo que es importante, es que tu clave privada encriptada está solo en tu hardware wallet y no es visible para nadie en internet en ningún momento, ni tampoco tienes que tipearlo en ningún aparato, lo que lo hace seguro hasta en tu smartphone, aunque tenga instalado un software espía.

Si tipeas tus claves privadas en línea, se las estas dando a cualquier hacker que quiera acceder a tu wallet. Los hackers implantan de forma remota capturadores de pantalla y grabadores de teclado en los aparatos de las personas con este propósito. El hardware wallet más seguro que conocemos de momento es Trezor. Trezor es un dispositivo que aloja tus claves privadas fuera de línea en su pequeña pantalla, no en tu smartphone o wallet en linea, de forma que evitas este tipo de riesgo cada vez que cometes una transacción.

La forma más sencilla de comprar Trezor es en Amazon.com o directamente y recibirlo en la puerta de tu casa en un par de días. Una vez que lo recibes, es fácil de activar usando las instrucciones en https://www.trezor.io/start/. Completar tu primera transacción crypto, de forma segura es muy intimidante. Aquí hay un enlace a un video paso-a-paso de como activar un wallet Trezor y como enviar y recibir coins con él.

Al momento de escribir este libro, Trezor

maneja Bitcoin, Ethereum, Ethereum Classic, Litecoin, Zcash y Dash. También tienen planificado actualizaciones de software para manejar Altcoins en el futuro.

Al dispositivo Trezor solo se puede acceder utilizando un Número de Identificación Personal (PIN – Personal Identification Number) que tu creas, el cual debe ser de hasta 9 dígitos de largo, de modo que aunque alguien se apodere de tu hardware wallet, igual no tienen acceso a las claves privadas que guardas en él. Gracias al PIN se puede usar el hardware wallet aún en computadoras en las que no confíes.

Otra ventaja de utilizar el hardware wallet de Trezor es que si tu olvidas tu clave privada, o si tu hardware wallet se te pierde o es robado, tu posees una "semilla de recobro" (recovery seed) que puedes usar para recobrar tu wallet. Las recovery seed son una frase de 24 palabras de largo que Trezor te otorga para que puedas restaurar tu wallet (esta es la única excepción conocida para recuperar el control sobre tus coins después de olvidar o perder tus claves privadas).

F.1. PRIMERA COMPRA DE COINS

Si nunca ha comprado alguna moneda virtual, este es el proceso más simple y más seguro para la persona que busca realizar su primera inversión (newbie).

1. Haz tu pedido a Trezor

2. Activa tu Trezor siguiendo las instrucciones en: https://trezor.io/start/

3. Entra en http://www.coinmama.com para activar una cuenta y comprar Bitcoin usando USD o EURO (puedes usar tu tarjeta de crédito o de débito)

1. Nota #1: Para cuentas nuevas de Coinmama, el máximo que puedes comprar a la semana cuando usas una tarjeta de crédito o de débito es $10.000 USD en valores de monedas virtuales. Después de subir una imagen de documento de identificación, y el máximo por transacción es $5000 USD.

2. Note #2: Deberás completar varios pasos de verificación

4. Si quieres comprar Ethereum o una de

las otras Altcoins, debes hacer uso de Bitcoin, así que veamos como hacerlo:

1. Activa una cuenta/wallet en Poloniex

2. Transfiere BTC de tu wallet Trezor a tu Poloniex wallet

3. Luego usas los BTC de tu wallet Poloniex para comprar cualquiera de los Altcoins.

4. Al concluir la operación puedes transferir tus Altcoins a tu wallet Trezor

5. _Nota:_ Al momento de escribir este libro, Trezor solo soporta wallets para Bitcoin, Ethereum, Ethereum Classic, Litecoin y Dash. Tu tendrías que mantener tus otras Altcoins en tu wallet Poloniex hasta que Trezor realize actualizaciones de software. Este es uno de los
inconvenientes de ser de los primeros en migrar a este sistema... los sistemas aún no están completos.

III. OPORTUNIDADES DE INVERSIONES PASIVAS

A. PLATAFORMAS DE MINERÍA

Una de las oportunidades más obvias de inversión para participar en la creciente cripto economía es construir (o comprar) una plataforma de minado para una moneda en particular, y convertirse en un nodo en la red, percibiendo monedas por tener un equipo de hardware y software que realice los cálculos matemáticos. Si los mineros son los nuevos bancos, los suplidores distribuidos de liquidez, entonces tiene sentido poseer un banco/mina, de forma de también poder participar en la creación y distribución de dinero.

Sin embargo, debes estar consciente que el nivel de dificultad de la proof-of-work se incrementa a medida que más plataformas de minado hayan en linea y más transacciones se realicen, lo que significa que la dificultad de minado también se incrementa con el tiempo a medida que también la cantidad de coins de recompensa disminuyen, hasta que llegue a cero. Esto significa que con el tiempo la minería puede pasar a ser menos productiva. También que los valores de las monedas pueden cambiar, y si el valor de la moneda que estas minando cae, entonces podría hacer que el minado de esa moneda sea menos productivo.

Debido a la popularidad de Bitcoin, es tentadora la opción de involucrarse en su minería, pero en realidad hay que invertir millones de dólares de capital para minar Bitcoin efectivamente. En nuestra opinión, la mejor opción de minado a largo plazo está en Ethereum Classic y Litecoin. Cuando estas considerando la compra de hardware para minería es importante considerar factores de costos (como precio de los equipos, consumo de potencia), y factores de ingresos (como rata de cifrados por segundo), para establecer tus ganancias potenciales.

Si eres técnicamente capaz y te sientes confortable en construir tu propio computador / plataforma de minería, aquí exponemos alguna información de valor. Cuando se hace minería de cryptos, la rentabilidad se origina en poseer una plataforma con una alta rata de cifrado (medida en cifrados por segundo) por dólar invertido, y de minar el coin más rentable.

Cuando calculas tus medidas de minería, es conveniente calcular la cantidad de hash-rate (rata de cifrado) del equipo que estas implementando dividido entre el total de la hash-rate de la red para el coin en particular que vas a minar para determinar tu probabilidad de recibir el coin de recompensa para un bloque.

Calcula el promedio de tiempo que te tomaría para resolver un bloque, y calcula cuantos bloques (y coins de recompensa) hay en el lapso de un mes. Esto te dirá cuantos coins de recompensa tu podrías esperar recibir, basado en la cantidad de potencia de hash-rate que estas instalando o comprando.

Calcula el valor en USD de la cantidad de coins de recompensa que puedes esperar *recibir en promedio al mes, y eso te da una idea de la cantidad de Recompensa Total que puedes esperar. Si puedes establecer la cantidad de consumo de energía para activar tus máquinas , más el costo de la refrigeración ambiental, más el costo de algún alquiler que sea necesario, entonces tienes una idea de tus ingresos netos por minar, por ahora. Recuerda que puede estar planificada la reducción de la recompensa por bloque, y que los coins que logres minar podrían ir a la baja en valor. A pesar de todo, la razón del porqué hay tantos inversores optando por la minería de cryptos es porque de momento rinde buenos dividendos.*

Nosotros estamos haciendo una investigación de las compañías que están construyendo plataformas de minería para inversores, y estamos comprobando la eficacia de sus máquinas, para verificar si la respuesta proyectada es precisa. Postearemos una actualización en nuestro portal de F3 Mastermind Group tan pronto como nuestras pruebas concluyan. Si sabes de alguna otra compañía que construyan plataformas de minería y que provean asistencia técnica para los inversores, indicanos cuales por favor.

Aquí hay un resumen de los mejores equipos de minería con las mayores hash-rates por dólar invertido. Esto será superado en velocidad y menos consumo de potencia en corto tiempo, pero estos son algunos de los mejores por dólar invertido para el momento de hacer este escrito.

Crypto	Nombre del Equipo	Hash-rate por segundo	Precio en USD	Hash-rate por dólar invertido
Bitcoin	S9 Antminer	14,000 GH/s	$1,411.00	9.92 GH
Dash	D3 Antminer	15 GH/s	$1,450.00	10.34 MH

Liteco in	L3+ Antmi ner	504 MH/ s	$1,64 4.00	0.31 MH
Ether eum	Ether eum Miner Geass 198M H	198 MH/ s	$2,19 9.00	0.09 MH
Zcash	NVIDI A Geofo rce GTX 1080 Ti	680 H/s	$699. 00	0.97 H
Mone ro	Mone ro Miner 3200	320 0 H/s	$2,33 7.00	1.37 H

En el ánimo de suavizar tus retornos, y mejorar tus probabilidades de participar en el coin de recompensa por ser el primero en encontrar el nonce y completar un bloque, es aconsejable unirse a un mining pool. Es mejor unirse a uno con servidores geográficamente cercanos a ti, y con tarifas razonables. También es importante considerar el modelo de distribución de pagos que el mining-pool usa así como cual parte asume el riesgo, y el nivel mínimo para pagos que permita hacer el reparto de coins. Hay más de 100 mining pools para escoger.

Una guía detallada de como minar y cuales mining pools considerar escapa a los propósitos de los fundamentos cubiertos por este libro, pero para las personas que se unan a nuestro F3 Mastermind Group, tenemos sin ningún costo para ellos una obra que lo trata en detalle **Crypto-Mining Special Report** así como el trabajo **Mining Pools Special Report**.

Si eres un principiante, tienes un pequeño presupuesto, o no estas listo para comprar y operar tu propio equipo, aquí hay algunas de las compañías de minado en la nube más notables, para el momento de realizar este escrito. Si se calcula el hash-rate por dólar invertido para las compañías de minado en la nube, y lo comparas con el hash-rate por dólar invertido para las monedas en la siguiente tabla, puedes darte una idea del servicio que el minado en la nube te cobra, y te ayuda a figurarte cual es la mejor opción para obtener el mejor retorno por dólar invertido:

1. Genesis Mining es una gran granja de minería que hace leasing de los equipos, permitiendo que personas promedio accedan a minar Bitcoin así como Altcoins que usan el mismo algoritmo y equipo que Bitcoin (SHA-256). Ellos ahora también ofrecen el equipo y algoritmo para minar Ethereum. Su base operativa está radicada en Islandia, donde el costo de la energía es bajo en razón de la abundancia de potencia geotérmica. Tip: Si le interesa obtener un descuento del 3% con ellos, use el código de descuento H3U2As.

* Nota: En Agosto de 2014 Genesis dejó de minar Bitcoin debido a baja rentbilidad, pero cambió al Altcoin que es más rentable y usa el mismo equipo y algoritmo. Pero, porque un buen número de inversores

newbie apuestan a Bitcoin para sus compras, decidieron restablecer el servicio, ya que este consigue pagar sus tarifas de mantenimiento.

2. HashFlare tiene una gran transparencia y permite al inversor participar en ming pools con sus equipos en leasing. Su base operativa está en Estonia.

3. Eobot es una compañía de minado en la nube que posee una granja de minería, su servicio permite a los inversores utilizar su computador ordinario como un servidor de minería, corriendo el software de Eobot en segundo plano, de gratis.

4. Minergate es más nuevo, pero tiene la habilidad de hacer "Merged mining" (Minería Fusionada). Merged mining mina simultáneamente dos monedas que usan el mismo algoritmo, como Bitcoin y Namecoin, o Litecoin y Dodgecoin, sin perder eficiencia en ninguno, pero es más complejo de instalar y administrar.

Es importante notar que varios servicios de minería en la nube han resultado ser una estafa, pero eso no significa que todos ellos lo son. Por esto es importante hacer las diligencias apropiadas que se requieran, y prestar extra atención a la transparencia.

Cuando comparas las ofertas de servicios de minería en la nube, aquí hay 4 simples pasos que puedes usar para hacer una decisión con base:

1. Primero, decida que coins usted quiere minar.

2. Segundo, compare el hashrate de los equipos por dólar invertido.

1. La tarifa entre comillas en números grandes y negritas es la cuota inicial.

2. La velocidad es usualmente medida en Kilo-hash por segundo (KH/s), Mega-hash por segundo (MH/s) o Giga-hash por segundo (GH/s). 1 Giga-hash = 1.000 Mega-hash = 1.000.000 Kilo-hash = 1 billón de hashes por segundo.

3. Lo mayor que sea la hashrate por segundo para ese coin en particular, lo mayor para tus probabilidades de cobrar.

3. Tercero, el "término" refiere a cuanto tiempo debes esperar para cobrar, así que si el pago inicial es igual, y el hashrate por dólar invertido es igual, un término a 2 años es mejor que uno a 1 año. Un término ilimitado o abierto es por tanto tiempo como puedas cubrir su tarifa de mantenimiento.

4. Cuarto, asegurate de estar claro en cuanto es la tarifa de mantenimiento, porque esta es la letra pequeña que puede hacer la diferencia.

B. COMPRAR Y MANTENER

Otro enfoque básico es comprar y mantener cryptos. Bitcoin ha duplicado su valor cada año desde su implementación. Algunos especuladores alegan que escalará hasta $500,000 USD por cada Bitcoin a la vuelta de un par de años. Otros piensan que Ethereum o Litecoin tienen una mejor estructura para manejar el volumen computacional de millones de transacciones diarias por lo que deben sobrepasar a Bitcoin en popularidad y valor.

Parte del valor de las criptomonedas es dictado por la funcionalidad inherente de la crypto, en su caso de uso o en su caso de negocio, y parte del valor es dictado por la efectividad de mercadeo hacia el público en general. A medida que una crypto gane mayor cobertura noticiosa y sea aceptada por más negocios, la demanda de la moneda aumenta, y en consecuencia su precio relativo también aumenta.

En nuestra opinión, las monedas más seguras y mejores para comprar y mantener en una hardware wallet son:

1. Bitcoin,

2. Ethereum, y

3. Litecoin

Sin embargo, Bitcoin y Ethereum ya están establecidas, y su precio lo refleja. Al momento de que se escribió este libro, Bitcoin tiene un valor de miles, y Ethereum vale cientos. Sin embargo, muchos expertos piensan que Ethereum tiene más potencial que Bitcoin, en razón al diseño de su estructura (buen punto este).

En nuestra opinión, algunas de las mejores Altcoins para comprar y mantener a largo plazo, al momento de este trabajo, son:

1. Veritaseum,

2. *Dash,*

3. *EOS,*

4. *Populous,*

5. *NEM*

6. *Bitcoin Cash, y*

7. *Cosmos.*

Otro enfoque más especulativo es para invertir en cripto monedas a largo plazo es el de la escopeta, en el que invirtes un par de cientos de dólares en docenas de ICOs, comprando los coins por centavos y mantenerlos por un largo período, de modo que algunos de ellos lleguen a elevar su valor a miles de dólares, cuyo éxito cubrirá con creces lo invertido en los que resultaran un fracaso.

Hay cientos de cryptos, y cientos más serán creadas. Se ha reportado que los inversores de ICOs han obtenido 82.000% de retorno en Ethereum, 56.000% de retorno en IOTA, 21.000% en Spectrecoin. Las estadísticas de ICOs son actualizadas constantemente con el desarrollo de las nuevas ICOs. Tres buenos canales de información en próximas ICOs anunciadas son, ICO Alert, CoinSchedule, y Smith &

Crown.

Cuando se invierte en ICOs es posible montarse en la ola, pero el inversor a largo plazo buscará las cryptos que ganan poder en base a su aceptación por los usuarios. Nuestra opinión es que las monedas con las mejores utilidades para casos de negocios son las que logran captar más atención. Al respecto se aconseja la lectura del interesante documento escrito por Vitalik Buterin, fundador de la red Ethereum, "The Cryptoeconomic Way",

<u>*Nota*</u>*: Entendemos que dedicarse a moverse entre docenas de ICOs cada mes puede consumir demasiado tiempo y resultar altamente costoso. Debido a ello, hemos preparado un Reporte Especial de ICO (**ICO Special Report**), al alcance de los miembros de nuestro F3 Mastermind Group, el cual presenta 12 filtros para evitar que entren en pantalla la vasta mayoría de FRAUDES en el dominio de las ICO, y presenta una lista de lo que nuestras investigaciones arrojan como mejores cryptos para invertir a largo plazo, basado en la fortaleza de su cuadro gerencial y su*

oferta a los usuarios y a los negocios. Tenemos la expectativa de ver un desarrollo explosivo desde ahora hasta el 2020, a medida que las cryptos se hacen una corriente de aceptación popular, y las ICOs y las cryptos más nuevas es donde será más común ver 1.000% de retorno.

Recordemos que el gobierno de USA estableció que las ICOs son ofertas de títulos de valores y está ahora tratando las regulaciones y el control sobre ellas. Exigirá un ejercicio de creatividad de parte de los ciudadanos norte americanos para lograr su participación en ciertas ICOs, debido a que muchas compañías no están aceptando clientes de USA, para evitar caer bajo el escrutinio del gobierno de USA que forza sus leyes a tener jurisdicción sobre otras regiones del mundo.

Si usted es un ciudadano norte americano, y no quiere ser parte de este esquema, entonces debe hacer uso de un dispositivo fuera de línea (como Trezor) y un wallet en línea de alguno de los más confiables exchanges como Poloniex o Kraken, también será necesario, ya que los wallets de hardware solo están diseñados para soportar las monedas de más prestigio. Tendrás que enviar tus monedas para comprar (usualmente BTC o ETH) directamente al grupo del ICO desde un wallet privado, en muchos casos, para lograr participar, y ellos te enviarán las monedas de sus ICO a tu wallet en línea en un exchange reconocido.

Pon atención al caso de que Amazon, Apple, o alguna mega compañía similar ofrezca sus propios tokens, porque esa ICO merecerá definitivamente tu consideración para invertir a largo plazo (este es otro punto importante).

C. AUTO NEGOCIADOS (AUTO-TRADING)

Debido al escaso volumen de negociado de la mayoría de las cryptos, la volatilidad de los precios en el mercado es tremenda. Más aún, la mayoría de las nuevas ICOs solo aceptan Ethereum como forma de pago, de modo que la demanda y el precio de Ethereum se eleva como resultado a la *presión, para luego normalizarse. Esta alza predecible es un movimiento que ofrece buenos retornos para el comerciante de oportunidades en monedas virtuales.*

Algunos de estos movimientos puede ser posible de aprovecharlos con el auto negociado. Hay varios grupos con software libre de auto negociados que la gente puede utilizar para crear sus propios algoritmos de negocios, como TradeWave.

Nosotros en F3 solo emprendemos en inversiones PASIVAS, así que no tenemos planes de crear nuestro software propio de auto .negociado, pero si hemos investigado a un grupo de servicios de auto-negociados dispuestos a aceptar inversores de US. Encontramos que en su mayoría los negociantes que encontramos tienen mercadeo en red como parte de sus modelos de negocio, sin capacidad de poder verificar la efectividad de su mediación, lo que significa que solo son esquemas piramidales montados en la ola de la explosión de las cryptos, BANDERA ROJA... hay que mantenerse alejado de estas, y del revuelo que hacen en conjunto.

No obstante estamos investigando antiguos comerciantes de monedas que ahora son comerciantes de monedas virtuales y han estado obteniendo retornos mensuales de dos dígitos. Cuando completemos nuestro proceso de investigación actualizaremos a todos los miembros del F3 Mastermind Group.

De la misma manera, si usted conoce de algún servicio de auto-negociado de cryptos que parezca ser legítimo y que NO tenga un plan de compensación de mercadeo en red asociado, por favor háganos saberlo para que podamos añadirlo a nuestra lista de diligencias por hacer.

D. FONDOS DE COBERTURA (HEDGE FUNDS)

Si prefiere grupos de inversión gerenciados profesionalmente, aquí hay una lista de más de 15 fondos de cobertura en el crypto espacio. Algunos de ellos hacen auto negociados, otros hacen minería, otros inversiones en ICOs. Algunos aceptan inversores norte americanos acreditados, otros no aceptan ningún tipo de inversores norte americanos. Nosotros no recomendamos ninguno de ellos. Ellos pueden tener problemas de gestión de riesgos y de seguridad. Nosotros no nos dedicamos a dar asesoría financiera y no deseamos ser percibidos como que promovemos inversiones, así que no nos permitimos dar detalles sobre ninguno de estos fondos de cobertura, pero si podemos dar los portales web de acceso público, con fines informativos únicamente.

1. Alphabit Fund

2. Ayurn Capital

3. Block Tower

4. Block View Capital

5. Brian Kelley Capital Management

6. Global Advisors Coinshares

7. Crypto Asset Fund

8. Crypto Assets Fund

9. Crypto Lotus

10. Cryptocurrency Fund

11. *General Crypto*
12. *Grasshopper Capital*
13. *MetaStable Capital*
14. *Pantera Capital's ICO*
15. *Pollinate Capital*
16. *Polychain Capital*
17. *SuperBloom Capital*

E. RIESGOS SISTÉMICOS

Un riesgo del sistema crypto es que las instituciones privadas y públicas están tratando de recobrar el monopolio que mantenían sobre el sistema de creación del dinero por intermedio de la creación de sus propios cryptos y/o tratando de regular, controlar, comprar y vender, o hacer ilegales a todas las otras cryptos.

Otra táctica es enviar sus hackers contratados por el gobierno a atacar duramente a los crypto mineros/nodos para desestabilizar la integridad de los sistemas de las mayores cryptos (como Bitcoin y Ethereum), y entonces presentar a sus cryptos creadas por el gobierno como las únicas alternativas seguras.

En nuestra opinión, la divulgación sustancial por WikiLeaks en las notas de las tácticas de hacking del gobierno de USA ha dado a la comunidad de seguridad de computadoras suficiente conocimiento para calibradamente cerrar los resquicios de seguridad y crear protocolos de seguridad para prevenir estas amenazas o hacerlas sustancialmente más difíciles a nivel de software (aunque a nivel de hardware existen todavía enfrentamientos con los gobiernos acerca de incorporar vulnerabilidades en los equipos). El gran número de nodos que conforman las grandes plataformas cryptos, y la diversidad de plataformas y de jurisdicciones internacionales en las que esos nodos operan, provee "seguridad en números" así como seguridad en diversidad. En nuestra opinión, el movimiento crypto ha alcanzado masas críticas y ahora juega un rol permanente en la economía moderna.

CONCLUSIÓN

Cada gran compañía, gobierno, y organización del mundo de hoy está comenzando a hacer uso de las blockchains para sus transacciones y sus sistemas de mucho volumen de data. Esto está sucediendo para bien y para mal

Algunos lo están haciendo para eliminar la variedad y el robo, porque es el único modo de garantizar que no tendrán un hacker en sus sistemas, o un empleado deshonesto. Otros lo están utilizando como modo de intentar crear identificaciones (Ids) globales para cada habitante sobre el planeta y usarlo como una forma de supervisar cada actividad y punto de data que ellos puedan, para crear el sistema de vigilancia distópico de 1984.

Los bancos centrales lo están utilizando para restablecer su monopolio sobre la creación y la distribución de dinero en un esfuerzo de recuperar ellos mismos la transición del agonizante sistema fiat dentro del que estamos actualmente todavía atrapados.

No se equivoquen y tomen esto como algo pequeño o un evento pasajero. Esto tiene ramificaciones globales a largo plazo. Es similar a el salvaje-oeste punto.com boom de los 1990s, antes de que nadie supiera cual era el verdadero impacto de el internet, y está siendo construido ahora, justo frente a nuestros ojos.

Si después de leer este reporte especial, todavía te estas preguntando qué es lo mejor que te conviene, nosotros no podemos darte consejos financieros. Lo único que podemos hacer es ayudarte a construir tu inteligencia financiera, de manera que puedas tomar tus mejores decisiones en este campo por ti mismo.

Si alguien posee fondos limitados, nosotros esbozamos lo que nosotros pensamos que tiene potencial, y usando los Servicios de Minado en la Nube, cualquiera puede comenzar con tan poco como $1.20, o alguien podría incluso bajar software de minado gratis que convierte su computadora personal en una plataforma de minería a nivel de inicio. O puedes ir a un crypto exchange y obtener Altcoin por *menos de $10, sin requerir entrada de ningún otro tipo de parte de algún corredor o intermediario. Nosotros esperamos que usted pueda considerar tomar alguna alternativa, pero no podemos dar consejos financieros, ya que la decisión final debe residir en ti. Si deseas una información más detallada, puedes considerar unirte a nuestro F3 Mastermind Group.*

La conclusión final es que las cryptos son una forma de gestión. Una diferencia radical es que los cryptos son una forma de gestionar los riesgos financieros asociados con el sistema monetario global fiat que está en constante deterioro. Es un complemento a los valores en oro y en plata. Otra diferencia radical es que los cryptos son más fáciles de transportar y de tranzar con ellas en un mundo digitalizado, que lo que son las monedas de oro y plata.

Para invertir lo más aconsejable es hacerlo de forma diversificada, para lo cual hay que considerar varias de las ideas mencionadas en este reporte especial, como poseer varias plataformas de minado para las altcoins de mejores rendimientos, invertir en ICOs de los mejores casos de negocios, o tener un portafolio de auto-negocios de cryptos para obtener beneficios de la volatilidad inherente a la crypto economía en evolución.

Este reporte especial es nuestra manera de ayudarte en la transición de lo que será el remodelado completo del mundo financiero y digital, en los años por venir.

Antes que sigan Adelante, echen un vistazo a este regalo gratuito.

Parte 2

101

Introducción

Quiero agradecerle y felicitarlo por descargar el libro, "Criptomoneda: Aprendizaje sistemático sobre cómo invertir y comerciar en Criptomoneda".Este libro contiene información útil sobre cómo invertir en criptomonedas como Bitcoin, Ethereum, Ripple, EOS, Stellar, Litecoin, NEO, IOTA, TRON, Dogecoin y otros ICO de Altcoin. ¿Deberías invertir en criptomonedas? ¿Puedes hacer un verdadero negocio de esto? Esta es una pregunta difícil que estoy seguro de que te has hecho a ti mismo, que (en respuesta) diría que depende mucho de tu hambre de riesgo.

A principios de 2017, un bitcoin valía alrededor de $ 1,000 y actualmente, esa cifra ha aumentado a alrededor de $ 7,000 después de que cayera desde su máximo histórico de $ 19,783.06 el 10 de diciembre de 2017. Solo piense en las asombrosas ganancias que los hombres que habían comprado algunos Bitcoins cuando los precios estaban por debajo de $ 1000. Se rumorea que el Rapper 50 Cent (también conocido como Curtis Jackson), por ejemplo, recibió 700 bitcoins en 2014, lo que equivale a unos $ 400,000 y luego se olvidó solo de recordar su alijo en 2018, que ahora valía alrededor de $ 8 millones (aunque negó eso).

¡Ninguna otra inversión le puede hacer esa cantidad de retorno de la inversión en un período tan corto. Invertir en criptomonedas (no solo Bitcoin) ha demostrado ser un asunto gratificante y arriesgado al mismo tiempo, con expertos que afirman que todo depende de cómo comenzó y cuándo.

Piénsalo; los que compraron bitcoin cuando valía más de $ 19,000 con la esperanza de que se cruzaran con $ 20,000 o más se quemaron seriamente, ya que el precio ha caído en más de la mitad en menos de un año Sin lugar a dudas, existe una gran inestabilidad e incertidumbre que forma parte de este intercambio, pero no significa que no valga la pena su tiempo y esfuerzo, o que no pueda ser rico y exitoso con él. Lo que es de vital importancia es invertir solo lo que puede permitirse perder en bitcoins y otras criptomonedas. Cuando combinas eso con una sólida comprensión de las criptomonedas, es decir, cómo funcionan, cómo obtenerlas y las estrategias que puede utilizar para aumentar su cartera de criptomonedas, puede estar seguro de hacer algo bueno para ti. Todo lo que necesita es una buena guía para ayudarlo a tomar todas las decisiones difíciles y obtener una tonelada de dinero.

Por suerte para usted, este libro es su guía definitiva para invertir directamente en criptomonedas para garantizar que tenga una buena cartera de inversiones en el campo que sea lo más diversa posible. En cualquier caso, hoy más que nunca está claro que con el mercado criptográfico aún fresco e inestable, la forma más ideal de invertir en él es minimizar su riesgo mediante el cobro de una cartera diversa.

Vamos a empezar.

Gracias de nuevo por descargar este libro. ¡Espero que lo disfruten!

falta de atención o de otro tipo, por el uso o abuso de cualquier política, proceso o dirección contenida en este documento es responsabilidad exclusiva y absoluta del lector receptor. Bajo ninguna circunstancia se hará responsable o culpable legalmente al editor por cualquier reparación, daño o pérdida monetaria debida a la información aquí contenida, ya sea directa o indirectamente.Los autores respectivos son dueños de todos los derechos de autor que no posee el editor.La información aquí contenida se ofrece únicamente con fines informativos, y es universal como tal. La presentación de la información se realiza sin contrato ni ningún tipo de garantía de garantía.Las marcas registradas que se utilizan son sin ningún tipo de consentimiento, y la publicación de la marca registrada es sin el permiso o respaldo del propietario de la marca registrada.

Todas las marcas comerciales y marcas incluidas en este libro son solo para fines de aclaración y son propiedad de los mismos propietarios, no están afiliadas a este documento.En caso de que sea completamente nuevo en esto, permítame comenzar con una breve descripción general de las criptomonedas (qué son y cómo funcionan) antes de comenzar a ver cómo puede invertir en ellas con éxito en ningún momento.

Una breve introducción a las criptomonedas

¿Qué son las criptomonedas? El término criptomoneda proviene de 2 términos; moneda y crypto. Sé que sabes qué es una moneda, así que no te lo explicaré. Pero solo para aclarar, son una moneda digital. La parte criptográfica significa que está cifrada utilizando un método de cifrado conocido como criptografía. La criptografía se refiere a un método de encriptación, que convierte el texto plano en un código que solo las personas deseadas pueden descifrar. Esto asegura que las transacciones sean seguras ygrantizadas. Siempre que mantenga segura su clave privada, nadie podrá descifrar su código y acceder a su efectivo.

Entrando en más detalles, técnicamente hablando, una criptomoneda es una forma de moneda digital que está descentralizada (con esto, quiero decir que no está controlada o regulada por una autoridad central como el gobierno), encriptada y que se utiliza para verificar transacciones en un sistema distribuido que tiene software de fuente abierta entre pares."Software de código abierto" en este caso se refiere a un software que puede ser utilizado libremente, cambiado y compartido por cualquier persona (en una forma modificada o no modificada).

Este tipo de moneda es relativamente nuevo (la primera criptomoneda es decir, bitcoin entró en existencia en 2009), pero aun así, al momento de escribir este libro, tenemos 2164 criptomonedas en existencia hoy en día, y su número sigue fluctuando.

Algunos de los más populares incluyen los siguientes:

- Bitcoin
- Ethereum
- Bitcoin Cash
- Bat
- Litecoin
- Namecoin
- Swiftcoin
- Dogecoin
- Gridcoin
- Nxt
- Dash
- NEO
- Moner

- NEM

Como sistemas de pago, las criptomonedas son esencialmente digitales. Esto significa que el dinero se mueve entre computadoras sin necesidad de monedas o billetes físicos. Bueno, sé que eso no es nada nuevo, ya que la mayoría del efectivo que conocemos se está transfiriendo digitalmente a los bancos. Definitivamente, los sistemas digitales de pago actuales, como PayPal, han crecido mucho en las últimas dos décadas y, si lo piensas, la criptomoneda es casi lo mismo que usar el servicio de PayPal o la tarjeta de débito, solo que los números en la pantalla indican criptomoneda. A diferencia de la moneda fiduciaria como el dólar. La otra diferencia entre las criptomonedas y las monedas fiduciarias (incluso si son digitales) es que las criptomonedas permiten un completo anonimato: al comerciar con criptomonedas, no tendrá que lidiar con los requisitos KYC que encuentra en los bancos y muchos otros sistemas de pago digital que dependen de moneda fiduciaria.Esto significa que se eliminan las posibilidades de robo de identidad o de que usted sea víctima de un delito; a menos que seas descuidado. La otra gran característica que hace que las criptomonedas sean sobresalientes es el hecho de que se basan en sistemas de igual a igual.

Básicamente, esto significa que todos los pagos se realizan directamente entre diferentes individuos u organizaciones sin que se requiera que ninguna compañía de tarjeta de crédito o banco se siente en el medio y administre las transacciones. Imagínate a ti mismo viviendo en un mundo que no tiene banqueros que agarran grandes cantidades de dinero o limitan la cantidad de dinerode tus transacciones y con quien y desde donde; ese es el modelo que las criptomonedas brindan a varios usuarios.

Bueno, la verdad es que cada criptomoneda tiene sus características únicas que lo hacen diferente de los demás. Sin embargo, lo importante es entender que cuando realiza transacciones con criptomoneda, debe esperar que sus transacciones sean irreversibles.

Una vez que la red ha confirmado una transacción, es para siempre, ya que no se puede cambiar. Se mantiene en el libro de contabilidad distribuido o blockchain, que es donde todos pueden ver todas las transacciones que se han realizado. Sin embargo, el hecho de que todos puedan ver las transacciones de todos los demás no significa que todo sea público. Su dirección o cuenta privada normalmente no está asociada públicamente a su identidad en el mundo real, por lo tanto, sus transacciones permanecen privadas en ese sentido.

Permítanme debo explicar los términos transacciones y blockchain, ya que forman una parte central de las criptomonedas.

Las transacciones y blockchain.

Las transacciones de criptomoneda se realizan normalmente entre pares a través de un software conocido como carteras de criptomoneda. Cuando desee transferir los fondos, debe conocer la clave privada asociada con la cuenta en cuestión. Sus transacciones se cifran y luego se transmiten a la red de la criptomoneda y luego se ponen en cola para que se agreguen a algún tipo de libro mayor público, también conocido como blockchain. El proceso de registrar las transacciones en el libro mayor público se conoce como minería.

Blockchain

Blockchain es una especie de libro

bancario descentralizado que comprende los registros de saldos y transacciones. Cuando realiza una transacción criptográfica, la transacción va a todos los usuarios que tienen una copia de la cadena de bloques. Tenemos ciertos tipos de usuarios conocidos como mineros que luego intentan resolver algunos enigmas "criptográficos" utilizando un software especializado que les permite agregar "bloques" de transacciones al libro mayor. La resolución de este rompecabezas es importante para que la transacción se complete. La resolución de este rompecabezas es importante para que la transacción se complete. El minero que resuelve este rompecabezas primero recibe un par de monedas "recién extraídas" como recompensa, además de los cargos de transacción que pagan las personas que construyeron las transacciones. A veces, estos mineros combinan su poder de cómputo y comparten las nuevas monedas entre ellos. Cuando la mayoría de los usuarios que intentan resolver el enigma envían datos transaccionales similares, el sistema confirma que las transacciones son correctas.La seguridad de la cadena de bloques depende de la criptografía (la ciencia de proteger los datos al cambiarlos a un formato seguro, ya lo mencioné anteriormente). Cada bloque está esencialmente conectado a los datos en el bloque final a través de códigos criptográficos de una vía conocidos como hashes que están diseñados específicamente para dificultar la manipulación de la cadena de bloques. La dificultad para descifrar los rompecabezas criptográficos, la oferta de nuevas monedas como fichas y el esfuerzo que se requeriría para ingresar datos falsos a la cadena de bloques falsificando el consenso o acuerdo (de los participantes) que equivale a manipular las cadenas de bloques para ayudar a asegurar que existan. No hay actores malvados prosperando aquí. Todas estas características hacen que las criptomonedas sean en gran medida impenetrables y seguras, gracias a la criptografía. Con ese breve resumen, espero que tenga una mejor comprensión de la criptomoneda. Ahora, la parte emocionante, que es comerciar / invertir en criptomonedas para obtener ganancias.

Las mejores estrategias de inversión y comercio en criptomoneda

Antes de comenzar a invertir en criptomonedas, déjeme preguntar, ¿tiene una cartera de criptomonedas? ¿Sabes lo que es o lo que hace? Si la respuesta es no, lea primero esta breve sección antes de comenzar a invertir en criptomonedas.

Carteras criptomoneda

Antes de comenzar a operar en criptomonedas, necesitará medios que le permitan acceder, mantener, recibir y rastrear el valor de tus criptomoneda independientemente de si está tratando con Ethereum, Bitcoin, Dogecoin (y el resto) o los tokens ICO que son tan codiciado, necesitas tener tu propia billetera de criptomonedas. Las billeteras de criptomoneda son similares a las billeteras comunes que algunos de nosotros todavía usamos en la vida real para llevar efectivo y tarjetas de crédito. La diferencia, sin embargo, es que con la billetera física, tienes demasiado en que pensar por no mencionar, todo el mantenimiento de registros después de realizar compras y todo.

Las carteras criptográficas generalmente almacenan registros de transacciones relacionadas con las criptomonedas, en lugar de mantener las monedas reales (como carteras físicas). Estas carteras son, por lo tanto, mucho más inteligentes, flexibles y más sofisticadas. Puedes guardar cientos de criptomonedas sin preocuparte por el espacio; También puede utilizar el comprobador de saldo que garantiza todos los detalles importantes, como cuándo, dónde y el importe total que gastaste, retiraste o depositaste y se mantienen en tránsito sólo para mencionar lo menos.

Cómo trabajan ellas

Las criptomonedas no se almacenan esencialmente en una billetera; en su lugar, se almacena un código digital criptográfico seguro que solo usted debe saber (también conocido como clave privada). Denota la propiedad de una clave pública (este es un código digital público que está conectado a una cantidad particular de moneda). La clave pública es la misma que la dirección del cifrado (similar a un número de cuenta bancaria) y cualquiera puede usarla ya que es información pública. Por lo tanto, su billetera almacena las claves públicas y privadas, que van juntas; sin la combinación de los dos, no puedes usar tu criptomoneda. Para gastar sus cryptos, la clave privada que se almacena en su billetera debe coincidir con la dirección pública a la que está asignada la criptografía. Si coinciden, el saldo de su billetera aumenta y el del remitente se reduce. Estas carteras también le proporcionan una lista de transacciones relacionadas y el saldo actual en un formato que puede entender.Le sugiero que use una billetera que sea oficial o oficialmente aprobada para cualquier cripto en particular. En este caso, por ejemplo, para Bitcoin, sugeriría que use la billetera Core de Bitcoin, para Ethereum, puede usar MyEtherWallet o EthereumWallet, y para Litecoin, Litecoin Core lo resolvería. Todas estas carteras y más están disponibles y accesibles en línea. También puede usar lo que se conoce como carteras universales, carteras de custodia o carteras de hardware.

Carteras universales, carteras custodiales ycarteras de hardware

• Tenemos carteras universales o carteras de múltiples monedas como Coinomi y HolyTransaction, que puede utilizar para almacenar numerosas criptomonedas, pero no todas, obviamente.

• En segundo lugar, también tenemos lo que se conoce como billeteras de custodia, pero estas esencialmente no le permiten controlar directamente sus claves privadas, como coinbase. En este sentido, también puede utilizar intercambios con doble billeteras como custodia o resguardo.

• Por último, también tenemos algunas carteras de hardware fuera de línea excelentes, como Nano S y TREZOR, que son excelentes para el almacenamiento a largo plazo y generalmente le permiten mantener muchos tipos de criptos populares.

Solo para recapitular, si usted es nuevo en criptomoneda, recuerde que puede

• Descargue una cartera OFICIAL / OFICIALMENTE APROBADA desde el sitio web oficial de crypto

• Regístrese para un servicio de billetera custodio como coinbase que técnicamente maneja su intercambio de billetera con una sola cuenta.

• Compre una billetera de hardware como TREZOR.

• Use una cartera de software universal como las que he enumerado anteriormente.

Con ese breve resumen de las carteras

criptográficas, creo que está listo para comenzar.

Estrategia 1:Dia de cambio

NOTA: Esta es la estrategia de comercio criptográfico más básica que conozco. Sin embargo, debe prestar mucha atención a los pasos que conlleva, ya que algunos de ellos se duplican como pasos vitales para otras estrategias que veremos más adelante porque no los repetiré.

El día de cambio se refiere a la técnica de tratar de obtener ganancias al aprovechar los cambios en los precios de los cryptos en el mismo día. Básicamente, usted gasta tiempo comprando y vendiendo con la esperanza de que los precios sigan subiendo cuando tenga la inversión para ganar buen dinero. La criptomoneda de transacciones diarias ha sido identificada como una de las empresas más rentables para quienes pueden realizar el trabajo. Solo piensa en negociar acciones, solo que de una mejor manera. ¿Pero por qué?

Con la apertura de los mercados 24/7, gráficos más simples, comisiones y mayor accesibilidad, ¿qué piensa? Puede comenzar a operar con tan solo $ 5, que puede convertir en cualquier número que desee. Para tener éxito con esta estrategia, debes:

1. Aprender las monedas para comerciar.
Tenemos muchas monedas en el mercado y es muy fácil sentirse un poco confundido cuando se trata de tomar la gran decisión.

Es como sumergir los dedos de los pies en el agua, la capitalización de mercado es uno de los mejores indicadores de que una criptografía es buena para el comercio, por lo que colocar las criptas en la cima de la capitalización de mercado es una de las formas más seguras de obtener las monedas más seguras para comercializar. Esos no solo son los menos volátiles, sino que también son los que tienen más probabilidades de servir como un almacén de valor duradero. Esto significa que no desaparecerán al atardecer. En este momento, es posible que desee centrar sus esfuerzos en Bitcoin, Ethereum, EOS, Bitcoin cash y XRP.

Bueno, los altcoins más pequeños (el término altcoin simplemente denota todas las demás criptomonedas que no sean bitcoin) pueden ser muy rentables, sin duda, a corto plazo, pero los riesgos asociados con ellos son bastante mayores. Debe tener en cuenta que los valores pueden caer en picado tan fácilmente como han aumentado.

2. *Realice una investigación antes de invertir en cryptos*

Aun cuando Ethereum y Bitcoin (entre otros) han sido calificados como relativamente seguros como compromisos para nuevos comerciantes, es necesario comprenderlos en profundidad de antemano, ya que los riesgos de tratar con monedas menos conocidas pueden ser importantes. Al igual que tenemos monedas que están infravaloradas, tenemos otras que solo son esquemas de bombeo y descarga que normalmente dependen de la especulación y la publicidad para que sus precios se incrementen artificialmente. Bien, creo que tendré que explicarlo un poco. La bomba y el basurero es donde usted, el inversionista promueve un crypto que tiene y vende una vez que el precio del crypto ha aumentado después del aumento de intereses, que fue el resultado de la viciosa aprobación. En la práctica, usted, por ejemplo, compra algunas monedas, como altcoins, trabaja muy duro para comercializarlas y, como resultado, consigue que mucha gente compre para obtener un aumento de precio. Luego vende cuando el precio está en su punto máximo y obtiene buenas ganancias, ya que las monedas de todos los demás se vuelven inútiles. Por lo tanto, la diligencia debida es importante, ya que las monedas fraudulentas o de mala calidad tienden a colapsar, lo que hace que los fondos de los inversores se esfumen. En verdad, escoger una moneda de calidad es un proceso largo, pero también un tiempo que vale la pena gastar.

3. Regístrate en un intercambio

Por el momento, todas las monedas se negocian contra Ethereum y Bitcoin, y Tether

que no se ha quedado por mucho tiempo en la escena. Si no posee ninguna de estas monedas, deberá comprarlas en un intercambio. Eche un vistazo a esta página para ver la lista de intercambios donde puede cambiar dólares estadounidenses a sus principales criptos, entre otras cosas que necesita saber para seleccionar el mejor intercambio.Sin embargo, si me pregunta, puede elegir coinbase como un lugar de buena reputación para comprar: es su típico McDonald's de intercambios de criptomonedas.Al seleccionar un intercambio, podría estar limitado por la ubicación, por lo que nuevamente, el tema de la investigación previa debe tomarse muy en serio.

4. Familiarícese con los conceptos básicos.
Al igual que Forex, todos los criptos generalmente se comercializan en pares

de divisas. Los pares de divisas son la cotización de dos monedas donde el valor de una moneda se cotiza contra otra moneda. La primera moneda que figura en un par de divisas se conoce como la moneda base, mientras que la otra se conoce como moneda de cotización.

Cuando compra su criptomoneda, observa su valor en relación con otra criptomoneda. El hecho de que los precios de todas las criptomonedas siempre cambien significa que puede aprovechar estas fluctuaciones y ganar más criptos con los que está lidiando a través de sus habilidades de negociación.Echaremos un vistazo a un ejemplo de un comercio modesto pero rentable utilizando el par de ondulación y bitcoin (XRP / BTC).

A las 9 a.m., compras 100 fichas de Ripple donde una ficha vale 0.00018003 BTC (Bitcoins). Un par de horas después, vende a 0.00018746 BTC. Cuando hagas los cálculos, descubrirás que acabas de ganar 0,000743 BTC o alrededor de $ 5 (según el precio actual de Bitcoin). Simple derecho? Si bien $ 5 sonaría como dinero de bolsillo, puede obtener ganancias mucho mayores en el mercado como operador diario por las siguientes razones.

• Las criptomonedas están sujetas a un precio rápido y elevado.

• Este es solo un ejemplo de comercio. En realidad, puede hacer unos 15, 25 o incluso 40 intercambios por día. ¡Agregue docenas de operaciones y podrá ver por qué podría estar hablando de miles de ganancias! No está mal para el trabajo de un día ¿eh?

5. Aprenda el uso del mercado, limite y suspenda los pedidos sin problemas

Si desea poder gestionar los riesgos del día de negociación de manera efectiva, es importante que aprenda a utilizar las operaciones de detener y limitar órdenes. Nosotros somos humanos. Tendemos a ponernos emocionales, especialmente cuando ocurren pérdidas.

Consejo rápido: nunca apueste más del 2% en una operación. Perder solo el 2% solo significa que tendrá que mantener 10 operaciones perdedoras consecutivas para perder el 20% de su cuenta comercial.

Esto lo mantiene a salvo, ya que incluso si pierde 20 veces consecutivas, lo que significa operar terriblemente para alcanzar una larga racha perdedora como esa, su reducción total aún garantizaría que el 60% de su capital quede intacto.

Orden de mercado
Esto se refiere al comercio más simple que puede realizar. Implica vender o comprar su cripto al precio de mercado inmediatamente, además de las tarifas adicionales. La orden de mercado compra o vende "en este mismo momento". Compra o vende las órdenes de límite disponibles que están actualmente en los libros. Por lo tanto, podría producirse un deslizamiento, donde se obtiene un precio un poco más alto con una orden de

mercado de compra o uno que es un poco más bajo con una orden de mercado de venta.

En un mercado volátil, puede sufrir fácilmente ya que podría comprar o vender a un precio más bajo o más alto que su nivel esperado a medida que los mercados fluctúan. Puede usar la orden de mercado cuando los precios están subiendo o bajando extremadamente rápido y desea entrar o salir.

Orden de límite

Cuando compra o vende con este pedido, significa que está creando el precio específico al que desea comprar o vender. Cuando se alcanza este límite, su cripto se negociará a este precio automáticamente.

Lo bueno de una orden limitada es que puede obtener el precio que solicitó o uno mejor.

• Puede usar la orden de límite en cualquier momento; establezca un límite de compra por debajo del precio de mercado, y su límite de venta debe ser mayor.

Detener orden

En caso de que el precio de su par seleccionado se reduzca, su moneda se venderá a un precio determinado para frenar su pérdida. Esto reducirá el riesgo de tener pérdidas innecesarias y garantizará algunas ganancias de un cambio o movimiento de precios exitoso. Puede usar la orden de detención cuando intercambie altcoins como medio para obtener ganancias a corto plazo. Solo asegúrese de establecer su orden de stop de venta al precio / pérdida más bajo que pueda manejar.

Póngalo como un plan de respaldo en caso de que el precio de su cripto se desplome.

Habiendo conocido la mecánica básica, ¿cómo sabe qué tipo de monedas elegir y cuándo comprar y vender? Ahí está la pregunta del millón de dólares que requiere un buen nivel de experiencia.

6. Invierta solo en lo que puede permitirse perder

Considere cuidadosamente la mayor cantidad de efectivo de su cheque de pago que no le importaría dedicar a la criptomoneda y asegúrese de mantenerse dentro de su límite. La conclusión es que puede pasar cualquier cosa, y debes estar preparado para lo peor.

Estrategia 2: Cripto Arbitraje

El comercio de criptomonedas todavía es joven y los mercados se extienden por todo el mundo; algunas veces, puede haber variaciones sustanciales de precios entre intercambios. El arbitraje de criptomonedas le permite aprovechar estas diferencias de precios, comprando una criptomoneda en un intercambio particular donde su precio es bajo antes de venderlo en otro intercambio donde su precio es alto. Esta estrategia se ha definido como la compra y venta de un activo simultáneamente en varios mercados para obtener ganancias de la diferencia de precio entre estos mercados. En pocas palabras, busca la moneda que es más barata en el intercambio X que en Y, luego compra la moneda en X y la vende en Y para disfrutar de la diferencia.

El concepto de negociación de arbitraje ha existido por un tiempo en los mercados de bonos, acciones y divisas, pero las oportunidades de arbitraje aún existen en el mundo de las criptomonedas, donde un aumento en las ineficiencias comerciales y el volumen de negociación entre las bolsas conducen a diferencias en los precios. Los intercambios más grandes con más liquidez impulsan el precio del resto del mercado de manera efectiva, mientras que los intercambios más pequeños siguen los precios establecidos por sus contrapartes más grandes. Sin embargo, los intercambios más pequeños no siguen los precios establecidos en los intercambios más grandes inmediatamente donde surgen las oportunidades de arbitraje.

¿De dónde viene lo diferente?

La diferencia en los volúmenes de negociación entre dos mercados se debe a la naturaleza de un mercado con altos volúmenes de negociación: existe una liquidez realista de una determinada moneda y los precios son generalmente bajos. Por el contrario, en un mercado con un suministro limitado de una determinada moneda, es de esperar que (la moneda) sea más cara.

Cuando compra el primero y lo vende inmediatamente, está obligado a obtener ganancias. Las oportunidades también existen en la dirección opuesta, donde compra cripto en un intercambio más pequeño y lo vende en un intercambio más grande. Estos intercambios definitivamente no están vinculados entre sí y el bajo volumen comercial característico en algunos intercambios podría significar que el precio indicado no se ajusta inmediatamente al promedio del intercambio. Esto crea diferencias de precios que puede explotar.

Tomemos un ejemplo hipotético para explicar cómo puede hacerlo prácticamente:

Exchange X es un intercambio importante que tiene un alto volumen de negociación. El intercambio muestra el precio de DASH como $ 144. El intercambio Y, que es más pequeño y tiene un menor volumen de negociación, muestra el precio de DASH en $ 139.

Imagine que hay un anuncio financiero vital que probablemente aliente a la gente a comprar DASH, por ejemplo, el Servicio de Impuestos Internos de EE. UU. Anuncia que todos los depósitos de DASH no estarán sujetos a impuestos. Esto provocará una demanda de DASH y muchos compradores irán a los intercambios más grandes porque tienen la forma más sencilla de comprar criptos.

El aumento de los compradores puede desencadenar un aumento en los precios DASH en Exchange X (que es un gran intercambio) mientras que Exchange Y obtiene menos volumen de negociación y su precio es más lento para responder al cambio del mercado. El intercambio X registra $ 200 pero en el intercambio Y, solo aumenta a $ 149; Es aquí donde entra el arbitraje. Simplemente puede hacer lo siguiente:

Compre DASH en Exchange Y por $ 149

• Transfiera la criptografía a Exchange X

• Venda la criptografía en el intercambio X por $ 200 para asegurar una ganancia de aproximadamente $ 50 por DASH (suponiendo que los cargos de movimiento asciendan a $ 1

Estrategia 3: El comercio de oscilación

El comercio de oscilación es un estilo de comercio en el que mantiene su posición durante más de un día. Es solo cuando los mercados están en tendencia que este enfoque puede funcionar realmente bien.

Nota:

• Cryptos puede perder o ganar cientos de dólares en solo unas pocas semanas durante tendencias fuertes.

• Como regla general, el comercio oscilante sigue la tendencia hasta que haya una señal de reversión. Puedes ganar dinero sin importar si la tendencia es bajista o alcista.

• En el comercio oscilante, existe la percepción de que las monedas ganadoras tienden a seguir ganando, y es por eso que tiene la intención de comprar a precios altos y vender a precios más altos por completo. Piense en el rally que vio a Bitcoin alcanzar su máximo histórico de más de $ 19,000.

Como es un comerciante oscilación:

Significa que mantiene una posición durante un período, que puede ser de unos pocos días, semanas y que intercambia sus criptos en función de las oscilaciones entre el pesimismo extremo o el optimismo. A menudo empleará lo que se conoce como técnicas de revisión media. Las técnicas de revisión media simplemente significan que puede comprar a un precio bajo y esperar a que cambie la dirección para vender a un nivel superior. Por otro lado, significa que puede buscar monedas que estén en una tendencia alcista robusta.

Por lo tanto, el comercio de oscilación contiene algunas similitudes con el comercio diario, solo que en lugar de hacer del 3% al 5% en el comercio diario, espera un comercio de oscilación que muestre objetivos de ganancias de más del 30%. Los pasos del comercio de swing son muy simples (espero que haya leído y entendido la estrategia comercial del día):

Como de costumbre, comienza buscando las monedas más adecuadas para comerciar. En segundo lugar, nos fijamos en los patrones gráficos; Usted identifica y utiliza configuraciones de gráficos de alta probabilidad. Los patrones de gráficos son una buena manera de encontrar grandes oportunidades.

Los patrones de gráficos son indudablemente difíciles de reconocer al principio, pero a medida que continúas practicando, se vuelven fáciles de detectar. El comercio no necesita limitarse a los patrones de gráficos comerciales; También proporcionan un gran riesgo versus una recompensa y un gran potencial de ruptura decente. Un buen ejemplo es el patrón de la bandera del toro y el gráfico del banderín a continuación:

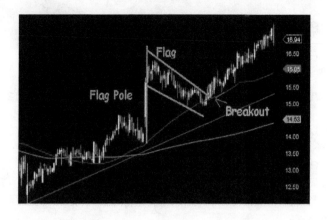

Lea aquí para más detalles.

En tercer lugar, debe ejecutar la entrada correcta con un gran riesgo versus recompensa. Debe tener en cuenta que si no está comprando en el momento adecuado, está agregando estrés y reduciendo sus posibilidades de éxito. En este caso, utiliza la orden Límite cuando compra sus criptos para garantizar su precio de compra.

Estrategia 4:Comprando las salsas

Esta estrategia significa promediar a medida que el precio de la criptografía baja o (y) compra después de que se establece. Con esta estrategia, usted:

• Compre incrementalmente a medida que el precio se reduzca, creando una posición promedio y luego busque comprar más a medida que el precio se reduzca aún más.

• Espere a que el precio se estabilice, tal vez incluso mostrando signos de recuperación y compra en ese momento.

En este caso, puede comprar lo que se conoce como las grandes caídas (compre cuando el precio esté por debajo del promedio) o las pequeñas caídas (compre cuando el precio se reduzca desde el último lugar), ¿verdad? Siempre se ha dicho que es una mejor estrategia hacer esto que esperar hasta que los precios sean altos (que es cuando la mayoría de las personas tendrán prisa por comprar) y luego tener que lidiar con la presión de vender a un precio bajo (esto es conocido como 'pánico al vender la parte inferior después de comprar en la parte superior').

Por ejemplo, desea invertir en IOTA. Debe buscar cuidadosamente comprar la criptografía cuando el precio sea más bajo que su último máximo. Definitivamente tiene que incorporar otros métodos, como estudiar gráficos para ver cómo le está yendo, observar de cerca los promedios móviles a corto y largo plazo en varias escalas de tiempo, etc. Cualquiera que sea su nivel de habilidad, generalmente, el concepto es el mismo.

¿Por qué el método es simple?

En criptografía, siempre tenemos muchas pequeñas caídas y cada dos semanas o meses, siempre vemos grandes caídas, a las que podría referirse como fallas o correcciones. Tanto las grandes inmersiones como las pequeñas pueden tener sentido para comprar dependiendo de su estrategia de inversión; por ejemplo, si está operando en un rango, las pequeñas inmersiones son ideales para usted, pero si es un inversor a largo plazo, las mayores inmersiones son seguramente será más gratificante cuando se trata de construir una posición larga. Sin embargo, debe tener cuidado con el momento de sus compras.

¿Pero es realmente simple cronometrar fondos?

Admito que es muy difícil sincronizar el fondo de las inmersiones, y es por eso que siempre ayuda comprar de forma incremental a medida que el precio se reduce. Como conclusión, diría que comprar las inmersiones no se limita a una sola manera. No obstante, todas las versiones de esta estrategia apuntan a comprar a precios bajos en lugar de precios altos comprando cuando los demás están vendiendo.

Bonus: Estrategia de compra y retención

La estrategia de comprar y mantener implica elegir uno o más criptos, comprarlos y mantenerlos durante un largo período de tiempo. Esta estrategia es muy simple porque después de comprar sus monedas, todo lo que necesita hacer es ser paciente. La estrategia es particularmente útil en el comercio de nuevas monedas que obtienes durante las ofertas iniciales de monedas (ICO) cuando los precios tienen un gran descuento que tienen un alto potencial de ganancia, pero sería mejor tener en cuenta que siempre habrá un riesgo de que estos Los tipos de monedas pueden ser generalmente infructuosos o estafas, como mencioné anteriormente.

¿Cómo lo haces?

Supongamos que desea comerciar Bitcoin utilizando la estrategia de comprar y mantener. Después de la debida diligencia, la investigación y todo, usted compra un Bitcoin por $ 6,550 y tres meses después, lo vende por $ 9,000, lo que representa un aumento del 41%. Sin embargo, debe usar el indicador de promedios móviles (esto está analizando, entre otras cosas, el precio promedio de la criptografía durante el período de tiempo que desee) y la estrategia de Bandas de Bollinger (donde puede determinar las tendencias a corto plazo de los precios en criptos midiendo la volatilidad del precio de visualización) para realizar su propio análisis técnico. Obtenga más información sobre el indicador de promedio móvil y la estrategia de las marcas de Bollinger para comprender mejor de qué estoy hablando. Sin embargo, eso no es todo lo que tienes que hacer; también tienes que:

Aproveche y diversifique

Esto significa que tienes que: • Tenga una cartera diversa que incluya múltiples inversiones para que esté vinculado a la criptografía principalmente como una inversión indexada. Primero, debe asegurar sus ganancias de alguna otra forma, como la moneda Fiat. Puede tomar las ganancias en criptos como ETC o BTC y usar la criptografía para comprar otras nuevas criptos o aumentar sus tenencias en las monedas alternativas actuales.

• Debe reequilibrar su cartera en función de inversiones escalonadas, principalmente invirtiendo en el primer nivel, monedas de crecimiento constante a largo plazo respaldadas por inversiones especulativas en monedas nuevas o pequeñas / en crecimiento que podrían tener ganancias sustanciales y acelerar las monedas estables que posee.

• Ahora, si su inversión bombeó mucho, digamos 3 veces o incluso hasta 10 veces, puede llevar las ganancias a Fiat o criptografía y comprar mucho más de la misma moneda cuando la inevitabilidad del precio baje.

• También puede diversificarse en

inversiones tradicionales como fondos indexados, fondos mutuos, plata / oro, REIT, etc. En caso de que desee obtener ganancias de una inversión, debe retirar no más del 50% si cree firmemente que el valor de las monedas seguirá aumentando en el futuro. Esto se conoce como el método 'rastrillo' en el que puede obtener un porcentaje particular de ganancias cada vez que su inversión alcanza un máximo histórico, esto puede ser bastante efectivo antes de que un mercado bajista (donde todos los precios de la mayoría de las monedas disminuyen) le permita comprar las monedas a precios más baratos.

Conclusión

Hemos llegado al final del libro. Gracias por leer y felicidades por leer hasta el final.

Realmente espero que el libro haya sido educativo sobre cómo invertir en criptomonedas y obtener ganancias. La verdad es que hay muchas otras estrategias que han demostrado ser muy rentables, como el comercio de tendencia y el scalping, pero las que hemos visto en este libro han sido muy impresionantes para los inversores serios en los últimos años. Asegúrese de diversificar lo más posible combinando sus estrategias favoritas para estar seguro.

Si el libro le pareció valioso, ¿puede recomendarlo a otros? Una forma de hacerlo es publicar una reseña.

Tus comentarios y recomendaciones son fundamentales

Los comentarios y recomendaciones son cruciales para que cualquier autor pueda alcanzar el éxito.Si has disfrutado de este libro, por favordeja un comentario, aunque solo sea una línea o dos,y házselo saber a tus amigos y conocidos. Ayudará a que el autor pueda traerte nuevos libros y permitirá que otros disfruten del libro.

¡Muchas gracias por tu apoyo!